Hans Nitsche, Martin Lohmann (Hg.)

Die Kölner Erzbischöfe und das Jahr 1962

mit Beiträgen von
Joseph Ratzinger (Papst Benedikt XVI.),
Rainer Maria Kardinal Woelki u.v.a.

Herausgegeben aus Anlass des Goldenen Priesterjubiläums von Joachim Kardinal Meisner

katholisch-soziales **institut**

Impressum

Hans Nitsche, Martin Lohmann (Hg.)

Die Kölner Erzbischöfe und das Jahr 1962

mit Beiträgen von Joseph Ratzinger (Papst Benedikt XVI.),
Rainer Maria Kardinal Woelki u.v.a.

Herausgegeben aus Anlass des Goldenen Priesterjubiläums
von Joachim Kardinal Meisner

Köln 2012

ISBN 978-3-927566-49-1

Katholisch-Soziales Institut
Selhofer Str. 11, 53604 Bad Honnef
Telefon 02224/955-0 · Fax 02224955-100
www.ksi.de

Gestaltung: K. Pagel, Bonn
Herstellung: DCM, Meckenheim

Preis: EUR 9,80

Vorwort

1962, ein Jahr wie jedes andere? Wir glauben nicht! Es war ein besonderes Jahr: Zum ersten Mal stand die Welt vor einem Nuklearkrieg. Die Supermächte USA und UdSSR standen sich scheinbar unversöhnlich gegenüber. Mit Hilfe des Friedenspapstes Johannes XXIII. konnte eine diplomatische Lösung gefunden werden, die die Welt vor der Katastrophe rettete.
Deutschland wurde von zwei großen Naturkatastrophen überrollt: Das Grubenunglück von Luisenthal und die Flutkatastrophe von 1962 sind Vielen noch heute in schrecklicher Erinnerung.
Die Kirche erlebte ein Jahrhundertereignis. Papst Johannes XXIII. eröffnete am 11. Oktober 1962, am Fest der Mutterschaft Mariens, das 2. Vatikanische Konzil. Auf diesem Konzil waren es u. a. zwei deutsche Kardinäle, die mutig ihre Stimme erhoben: der Kölner Erzbischof Josef Kardinal Frings, der 1962 sein 20-jähriges Bischofsjubiläum und seinen 75. Geburtstag feiern konnte, und der 59-jährige Julius Kardinal Döpfner, Erzbischof von München und Freising und einer der vier Moderatoren dieses Konzils. Der erblindete Kardinal Frings hatte damals einen hochbegabten jungen Theologieprofessor als Berater mit nach Rom genommen: den 35-jährigen Joseph Ratzinger, der zu dieser Zeit einen Lehrstuhl für Fundamentaltheologie in Bonn innehatte.
Er schrieb im Jahr 1963 einen eindrucksvollen Bericht über die erste Konzilsperiode, die am 8. Dezember 1962 endete. Wir danken unserem jetzigen Papst Benedikt XVI. für die Abdruckrechte dieses Beitrags. Auch danken wir ihm für den Beitrag „Kardinal Frings und das II. Vatikanische Konzil", der eine Art Rückblick auf diese bedeutsamste Kirchenversammlung des 20. Jahrhunderts darstellt.
Auch für den Nachfolger Kardinal Frings' war das Jahr 1962 von besonderer Bedeutung: Professor Drs. Joseph Höffner wurde am 9. Juli 1962 zum Bischof von Münster ernannt und am 14. September 1962 geweiht. Am Tag seiner Bischofsweihe

erschien auch sein inzwischen in viele Sprachen übersetztes Standardwerk „Christliche Gesellschaftslehre“, das im vorliegenden Buch dankenswerterweise von Prof. Dr. Peter Schallenberg vorgestellt wird.
Mit Freude widmen wir dieses Buch dem Kölner Erzbischof Joachim Kardinal Meisner. Auch für ihn war das Jahr 1962 ein besonderes Jahr: Er wurde – drei Tage vor seinem 29. Geburtstag – am 22. Dezember 1962 zum Priester geweiht. Die Weihe nahm der Fuldaer Weihbischof Joseph Freusberg im Erfurter Dom vor.
Noch vieles andere, Wesentliches und Unwesentliches, passierte in diesem Jahr 1962: Die Contergan-Katastrophe wurde untersucht; die „Spiegel-Affäre“ brachte das Schiff „Konrad Adenauer“ kräftig ins Schwanken; der Fall Vera Brühne wurde überall diskutiert und die Deutsch-Französische Freundschaft besiegelt. Im Bundesurlaubsgesetz wurden 15 Tage Mindesturlaub verankert, die erste Genehmigung für den Bau eines Kernkraftwerkes unterzeichnet, und in Mettingen im Emsland das Tragen von Bikinis verboten.
Wir danken allen, die uns bei der Realisierung unserer Idee unterstützt haben, vor allem Papst Benedikt XVI. und den verantwortlichen Stellen im Vatikan, den Kölner Weihbischöfen Manfred Melzer und Dr. Dominik Schwaderlapp, Professor Dr. Peter Schallenberg und Erzbischof Dr. Rainer Maria Kardinal Woelki. Wir danken auch den Fotografen Robert Boecker und Josef A. Slominski (SLOMI) und den vielen hilfreichen Geistern, die uns bei der Herstellung dieses Buches geholfen haben.
Zum Abschluss wünschen wir Ihnen, liebe Leserin und lieber Leser, viele (gute) Erinnerungen an ein besonderes Jahr.

Hans Nitsche, Martin Lohmann
Bad Honnef, im Mai 2012

Inhalt

Das Jahr 1962

Hans Nitsche

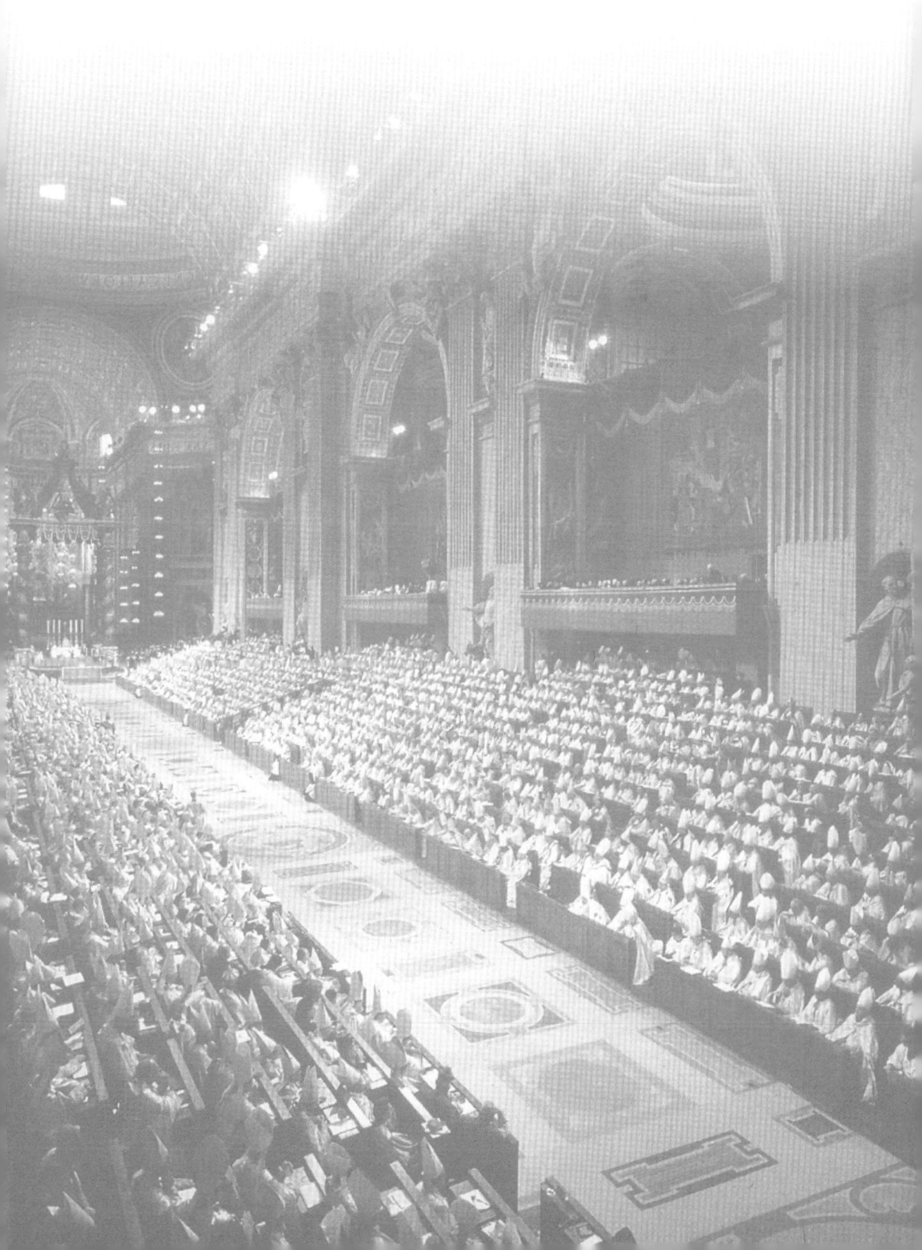

Erinnern Sie sich noch?

Nomen est Omen

John F. Kennedy, der ein Jahr später ermordet wurde, war amerikanischer Präsident. Sein russischer Gegenspieler war Nikita Chruschtschow. In Frankreich war Charles de Gaulle Präsident, der 1962 mit dem deutschen Bundeskanzler Konrad Adenauer den Grundstein für die deutsch-französische Freundschaft legte. Englischer Premierminister war Harold Macmillan, und Mao Zedong hatte das Sagen in Rotchina. Ägyptischer Staatspräsident war Gamal Abdel Nasser und Regierungschef Israels David Ben Gurion. Der deutsche Bundespräsident hieß Heinrich Lübke und der Vorsitzende des Staatsrates der DDR Walter Ulbricht.
Der aus Bergamo stammende Angelo Roncalli nannte sich nach seiner Wahl zum Papst 1958 Johannes XXIII., sein Kardinalsstaatssekretär war 1962 Kardinal Cicognani. In Deutschland war der Erzbischof von Köln, Josef Kardinal Frings, Vorsitzender der Fuldaer Bischofskonferenz. Der Vorsitzende der österreichischen Bischofskonferenz war Franz Kardinal König, Erzbischof von Wien.
Viele Prominente wurden im Jahr 1962 geboren, u. a. der US-amerikanische Musiker Jon Bon Jovi, der deutsche Fußballtorwart Andy Köpke, der beliebte Schauspieler Tom Cruise und die amerikanischen Schauspielerinnen Demi Moore und Jodie Foster.
Viele bekannte Menschen starben im Jahr 1962, u. a. die Künstler/innen Yves Klein und Gabriele Münter, die Schriftsteller William Faulkner und Herman Hesse sowie der dänische Physiker und Nobelpreisträger Nils Bohr, der sich besonders mit der Struktur der Atome und ihrer Strahlung befasst hatte. Auch starb 1962 die weltbekannte Filmschauspielerin Marilyn Monroe; Todesursache war die Überdosis eines Barbiturats. In ihrer Sterbeurkunde steht: „wahrscheinlich Suizid“. Nicht zuletzt wurde der ehemalige SS-Obersturmbannführer Adolf Eichmann von einem

israelischen Gericht zum Tode verurteilt. Das Urteil wurde am 1. Juni 1962 vollstreckt.
Fünf Nobelpreise wurden im Jahr 1962 vergeben, darunter der für Literatur an John Steinbeck und der Friedensnobelpreis an Linus Pauling, der damit für seinen Einsatz gegen Atomwaffentests geehrt wurde.
Die beliebtesten deutschen Vornamen 1962 waren Sabine, Susanne und Andrea bzw. Andreas, Thomas, Michael (übrigens: Meine Frau, auch 1962 geboren, heißt Mechthild, und unsere 62er-Freundinnen in Oberbayern Eva und Traudi).

Katastrophen 1962

Das Jahr 1962 begann mit einer Naturkatastrophe: Am 11. Januar forderte eine ungeheure Eis- und Geröllawine am 6.000 m hohen Nevado Huascarán in Peru 4.000 Tote. Durch die herabstürzenden Massen aus Eis, Schnee, Fels und Schlamm wurde ein ganzer Landstrich ausradiert.
Auch für Deutschland ging das Jahr 1962 nicht gut los: Am 7. Februar kamen bei einem Grubenunglück in Luisenthal im Saarland rund 300 Bergleute aufgrund einer Kohlenstaubexplosion ums Leben. Kaum 10 Tage später erlebte Norddeutschland, und insbesondere die Stadt Hamburg, eine grausame Sturmflut, bei der in einer Nacht über 300 Menschen starben. Ein Orkan namens „Vincinette“ peitschte mit über 130 Stundenkilometern über Hamburg und ganz Norddeutschland, zertrümmerte Häuser, hob Dächer ab, entwurzelte Bäume und ließ den Wasserstand der Elbe dermaßen ansteigen, dass der Elbdeich an über 100 Stellen brach und über 150 Quadratkilometer überflutet wurden. Bei der sofort eingeleiteten Rettungsaktion zeichnete sich besonders der spätere deutsche Bundeskanzler Helmut Schmidt aus, der damals Innensenator in Hamburg war. Über 20.000 Menschen mussten evakuiert werden, mehr als 5.000 verloren ihre Wohnung, und Hunderte mussten in Krankenhäuser eingeliefert werden.

Hochwasserkatastrophe 1962 in Hamburg

Kaum hatten sich die Menschen einigermaßen von diesen Katastrophen erholt, lasen sie in der Zeitung vom 4. Juni, dass eine französische Verkehrsmaschine des Typs Boeing 707 tags zuvor abgestürzt war und 130 Menschen mit in den Tod gerissen hatte. Aufgeschreckt wurden sie ein weiteres Mal durch eine furchtbare Naturkatastrophe im Iran. Im September 1962 vernichtete ein Erdbeben der Stärke 7,3 große Teile des Landes und forderte über 12.000 Menschenleben.

Allmählich wurde in den Jahren 1961 und 1962 der Contergan-Skandal, einer der größten Arzneimittelskandale in der Bundesrepublik Deutschland, aufgedeckt. Das Medikament war in den 50er Jahren entwickelt und von 1957 bis zum 27. November 1961 von der Firma Grünenthal vertrieben worden. Da es angeblich als besonders sicher galt, wurde es als Schlafmittel für Schwangere empfohlen. Doch bald kam es zu einer Häufung von schwersten Fehlbildungen bei Neugeborenen. Im August 1962 wurde schließlich die 1. wissenschaftliche Untersuchung über die katastrophalen Folgen des Schlafmittels veröffentlicht.

Wirtschaftliche Entwicklung in Deutschland

Die Anfänge der 60er Jahre galten als „Zeit des Deutschen Wirtschaftswunders“. Als Wegbereiter galt der deutsche Wirtschaftsminister Ludwig Erhard, dem der Titel „Vater der sozialen Marktwirtschaft“ zugeeignet wurde.

Zahlungsmittel war noch die DM. Ein Liter Normalbenzin kostete rund 60 Pfennig. Der Preis für 1 kg Brot lag bei knapp 1,00 DM, ein Maß Bier kostete auf dem Oktoberfest etwa 2,00 DM, und der Heizölpreis lag bei etwa 22 Pfennig. Der durchschnittliche Monatslohn lag netto bei knapp 500,00 DM, was immerhin dazu reichte, dass die Deutschen den „Mallorca-Urlaub“ für sich entdeckten. Schon damals flog die „Condor-Airlines“ über 30.000 Deutsche auf die Mittelmeerinsel.

Ursache dafür war die boomende Wirtschaft. Die Arbeitslosigkeit war minimal, und die Zahl der offenen Stellen (ca. 550.000) überstieg bei Weitem die Zahl der Arbeitslosen (ca. 150.000). Das hatte zur Folge, dass viele Unternehmen sog. „Gastarbeiter" einstellten, die vornehmlich aus Italien, Spanien und Griechenland kamen.
Der Deutsche Gewerkschaftsbund (DGB) reagierte auf die positive wirtschaftliche Entwicklung mit entsprechenden Forderungen: Weniger Wochenarbeitsstunden – 1962 wurden im Schnitt 41 Stunden pro Woche gearbeitet – und höherer Verdienst (es gab Lohnsteigerungen von bis zu 11 %).
Die deutschen Haushalte begannen, sich technisch aufzurüsten: Als Erstes kam meist eine Wäscheschleuder, es folgten die Waschmaschine (1962 besaßen bereits rund 10 % der Privathaushalte eine solche) und das Telefon. Etwa jeder siebte Haushalt verfügte damals über ein Telefon. Immerhin besaßen über 30 % der Haushalte ein Fernsehgerät – natürlich in Schwarz-Weiß.

Erinnern Sie sich noch?

Statt über 50 unterschiedlichen Fernsehprogrammen gab es 1962 eines: Das Erste. Gleich im Januar wurde ein „Straßenfeger" gezeigt: Das 6-teilige Fernsehspiel „Das Halstuch" von Francis Durbridge schaffte es, an den sechs Sendetagen das öffentliche Leben in der Bundesrepublik nahezu lahmzulegen. Für einen Eklat sorgte der Berliner Kabarettist Wolfgang Neuss. In einer Zeitungsanzeige verriet er zwei Tage vor der letzten Folge den Namen des Mörders.
Am 1. Januar 1962 nahm der Deutschlandfunk seinen regulären Sendebetrieb auf. Zum ersten Mal kam es zu einer kurzen Fernsehübertragung zwischen den USA und Europa via Satellit. Ebenso zum ersten Mal wurde am 3. Oktober 1962 ein Mensch in den Weltraum transportiert: Walter Schirrer flog im Rahmen des US-amerikanischen Mercury-Programms zu 6 Erdumkreisungen in den Weltraum.

Was erregte sonst noch die Gemüter in Deutschland und Europa 1962? Der Minirock begann seinen Siegeszug; dementsprechend wurden auch Mäntel und Jacken kürzer. Die Menschen tranken immer häufiger Wein. Der 61er Jahrgang galt als „Jahrhundertjahrgang". Der 62er fiel vergleichsweise ab, war aber ertragreicher, daher preiswerter und galt als „zufriedenstellend". Im Mai heiratete in Athen der spätere spanische König Juan Carlos die griechische Prinzessin Sofia.
Im Verfahren um den Mord an dem wohlhabenden Arzt Dr. Otto Praum und seiner Haushälterin wird Vera Brühne zu zweimal lebenslänglich verurteilt. Das Urteil war sehr umstritten, da nur Indizien zu dem Schuldspruch führten. 18 Jahre verbrachte die „Gesellschaftsdame" in Haft; dann wurde ihrem Gnadengesuch entsprochen.
Am 17. August versuchten zwei junge Bauarbeiter unweit des Checkpoint Charly von Ost- nach Westberlin zu flüchten. Einem gelang dies; der zweite, der 18-jährige Peter Fechter, schaffte es nicht. Als er sich an der Mauer hochzog, wurde er von Grenzsoldaten ohne Vorwarnung erschossen und blieb bewegungsunfähig liegen. Da weder die DDR-Grenzer noch die am Checkpoint diensthabenden US-amerikanischen Soldaten ihm zu Hilfe kamen, verblutete Fechter und starb nach etwa einer Stunde.

Politik

Die „Kuba-Krise"

Politisch war die Welt im Jahre 1962 am Rande eines Abgrunds. Ursache war die sog. „Kuba-Krise". Schon seit 1959 hatten die USA in Italien eine Staffel mit 25 und in der Türkei zwei Staffeln mit 25 nuklear bestückten Mittelstreckenraketen stationiert, die auf die UdSSR gerichtet waren. Im Gegenzug begann im Juli 1962 die UdSSR unter dem Decknamen „Operation Anadyr" heimlich die Stationierung von Militär und entsprechendem Gerät auf Kuba. Die sowjetische Marine und Handelsflotte transportierten mit über 150 Fahrten mehr als 40.000 Soldaten und 230.000 Tonnen Ausrüstung nach Kuba; darunter auch Mittelstreckenraketen mit Atomsprengköpfen. Sie dienten weniger dem Schutz Kubas als vielmehr dem bewussten Aufbau eines militärischen Drohpotenzials, gerichtet gegen die USA. Im August 1962 entdeckte der amerikanische Geheimdienst auf Fotos des US-Spionageflugzeuges U-2 erstmals Raketenabschussvorrichtungen auf Kuba. Weitere Aufnahmen im September und Oktober brachten Sicherheit darüber, dass Abschussrampen für sowjetische Mittel- und Langstreckenraketen auf Kuba gebaut wurden.

Am 16. Oktober 1962 wurde Präsident John F. Kennedy detailliert informiert. Es begannen hitzige Beratungen: Sofortige Luftangriffe und Invasion oder eher Seeblockade? Am Montag, den 22. Oktober, informierte Kennedy in einer Fernsehansprache die Weltöffentlichkeit und verkündete den Beginn der Seeblockade für den 24. Oktober. Er forderte den sowjetischen Regierungschef Nikita Chruschtschow zum Abzug der Raketen aus Kuba auf und drohte für den Angriffsfall mit einem atomaren Gegenschlag. Der russische Präsident Chruschtschow verkündete, die Blockade nicht zu akzeptieren. Die von John F. Kennedy als „Quarantäne" bezeichnete Seeblockade aus amerikanischen Kriegsschiffen begann am Mittwoch, den 24. Oktober, um 10 Uhr Washingtoner Zeit. Zwar drehten alle sowjetischen Schiffe ab, doch ließ die sowjetische Regierung keine Bereitschaft zum Einlenken erkennen.

Die Stationierung der Raketen ging weiter. Kennedy erreichte unterdessen ein Schreiben von Chruschtschow, in dem dieser anbot, die Raketen von Kuba abzuziehen, falls eine Invasion von Kuba durch die Amerikaner ausgeschlossen würde. Kennedy sicherte dies zu. Trotzdem kam es in den folgenden Tagen immer wieder zu höchst dramatischen Situationen. Die Historiker sind

Robert Kennedy, der maßgebliche Berater in der Kuba-Krise

sich einig: Nur um Haaresbreite wurde ein Nuklearkrieg vermieden. Letztendlich war die Geheimdiplomatie erfolgreich. Dabei soll der Einfluss von Papst Johannes XXIII. nicht unwesentlich gewesen sein. Am Morgen des 24. Oktober ließ er in der amerikanischen und in der sowjetischen Botschaft einen Friedensappell überreichen, in dem er alle Regierenden anflehte, „... vor dem Schrei der Menschheit nach Frieden nicht taub zu bleiben“. Er pochte auf „Gespräche auf allen Ebenen und zu jeder Zeit“ und betonte, das sei „eine Regel der Weisheit und Klugheit“. Am 28. Oktober kündigte Chruschtschow an, dass die Raketen aus Kuba zurückgezogen werden. Der Abzug begann am 5. November. Die USA erklärten: Keine Invasion auf Kuba, und zogen später auch ihre Raketen aus der Türkei ab. Chruschtschow erklärte nachfolgend: „Was der Papst für den Frieden getan hat, (...) wird in die Geschichte eingehen.“

Die „Spiegel-Affäre“

Es war im gleichen Monat wie die Kuba-Krise: In der Spiegel-Ausgabe 41/1962 vom 10. Oktober erschien unter dem Titel „Bedingt abwehrbereit“ ein von Conrad Ahlers verfasster Artikel, der, u. a. gestützt auf Resultate des NATO-Manövers Fallex 62, das Verteidigungskonzept der Bundeswehr unter Bundesverteidigungsminister Franz Josef Strauß infrage stellte. Ahlers stellte die These auf, die Bundeswehr sei für eine konventionelle Verteidigung der Bundesrepublik aufgrund ihrer Ausstattung nicht in der Lage; ein Angriff des Warschauer Pakts ließe sich nur mit Hilfe des Einsatzes westlicher Atomraketen abwehren.

Der Würzburger Staatsrechtler und damalige Oberst der Reserve, Friedrich August Freiherr von der Heydte, erstattete daraufhin Anzeige wegen Landesverrates gegen die Redaktion des „Spiegel“. Nach Einholen eines Gutachtens beim Bundesverteidigungsministerium durch die Bundesanwaltschaft erließ der Ermittlungsrichter beim Bundesgerichtshof am 23. Oktober

Franz Josef Strauß (1962): Er musste in Folge der „Spiegel-Affäre“ zurücktreten.

die gewünschten Haftbefehle – u. a. gegen Conrad Ahlers und Rudolf Augstein – und die entsprechenden Durchsuchungsanordnungen, die am 26. Oktober ausgeführt wurden. Conrad Ahlers, der mit seiner Frau in Spanien im Urlaub war, wurde auf

Geheiß von Strauß dort verhaftet. Rudolf Augstein stellte sich der Polizei.

Diese Polizeimaßnahmen führten in Teilen der Bevölkerung, insbesondere bei Studenten und bei der Presse, die einen Angriff auf die Pressefreiheit sah, zu erheblichen Protesten. Sie lösten eine Regierungskrise innerhalb des aus Union und FDP zusammengesetzten Kabinetts Adenauer aus. Am 19. November erklärten alle fünf FDP-Minister ihren Rücktritt aus Protest gegen Verteidigungsminister Strauß, der am 30. November schließlich zurücktrat. Der deutsche Bundeskanzler war gezwungen, ein neues Kabinett zu bilden und machte Kai-Uwe von Hassel zum neuen Verteidigungsminister.

Im Mai 1965 entschied der Bundesgerichtshof übrigens, dass keine Beweise vorlägen, die einen wissentlichen Verrat von Staatsgeheimnissen durch Conrad Ahlers und Rudolf Augstein belegen würden. Damit endete das erste Ereignis der deutschen Nachkriegsgeschichte, zu dem die westdeutsche Öffentlichkeit spontan und engagiert politisch Stellung nahm und eine Stärkung der Pressefreiheit forderte.

Sonstige Ereignisse

Viele Länder, die noch Kolonien waren und zum Teil erhebliche Freiheitskämpfe hinter sich hatten, wurden 1962 unabhängig. So z. B. Samoa (Januar), Ruanda und Burundi (Juli), Algerien (Juli), Jamaika (Juli) und Uganda (Oktober).

Besonders in Algerien hatten zuvor schwere Kämpfe stattgefunden. Der sog. „Algerienkrieg“ um die Unabhängigkeit Algeriens von Frankreich begann eigentlich schon Mitte der 50er-Jahre.

Schon seit 1848 betrachteten die Franzosen das nordafrikanische Gebiet als eigenes Hoheitsgebiet und verteidigten es mit großer Härte.
Im Januar 1961 wurde schließlich in einem Referendum sowohl im Mutterland wie auch in Algerien über die zukünftige Situation abgestimmt. 75 Prozent der Wähler entschieden sich für die Algerienpolitik des Präsidenten Charles de Gaulle, die auf ein unabhängiges Land abzielte. In Algerien waren nur 40 Prozent der Wähler dafür. Im April 1961 putschten daraufhin in Algier mehrere Militäreinheiten unter Leitung von vier Generälen gegen ihren Staat, um eine algerische Unabhängigkeit zu verhindern. Der Putsch scheiterte jedoch bereits nach vier Tagen.
Am 17. Oktober 1961 kam es zum sog. Massaker von Paris: Eine friedliche Protestkundgebung in Paris, an der etwa 30.000 Algerier teilnahmen, wurde gewaltsam aufgelöst, indem die Polizei in die Menge schoss. Innerhalb einer Woche, so schätzte man, erschoss die Polizei bis zu 200 Menschen, deren Leichen teilweise in die Seine geworfen wurden. Nach längeren Verhandlungen erkannte Charles de Gaulle im Abkommen von Évian am 18. März 1962 das Recht Algeriens auf Selbstbestimmung an. Am 15. Juli erhielt das gebeutelte Land seine Unabhängigkeit. Auf dem Weg dorthin verloren rund 350.000 Menschen ihr Leben.
Der französische Präsident Charles de Gaulle war es auch, der im Jahr 1962 weitere nachhaltige Akzente setzte: Mitte April ernannte er seinen späteren Nachfolger (1969) Georges Pompidou zum Premierminister. Er besuchte im September die deutsche Bundeshauptstadt und wurde von vielen Hunderttausenden begeistert empfangen. Es war die erste offizielle Staatsvisite am Rhein und zugleich eine Art Beginn einer andauernden Freundschaft zwischen Deutschen und Franzosen. Berühmt wurde seine „Ludwigsburger Rede“, in der er seinen Zuhörern 17 Jahre nach Kriegsende Mut zusprach: „Ich beglückwünsche Sie, junge Deutsche zu sein, das heißt, Kinder eines großen Volkes. Jawohl!, eines großen Volkes! …“

Kirche

Papst Johannes XXIII. und das Konzil

1962 war für die Kirche ein besonderes Jahr: Papst Johannes XXIII. hatte für den Herbst den Beginn des 2. Vatikanischen Konzils einberufen (vgl. hierzu Kapitel „Das 2. Vatikanische Konzil“). Dieser außergewöhnliche Papst, der im Volksmund „il Papa buono“ („der gute Papst“) genannt wurde, war am 28. Oktober 1958 als Nachfolger von Pius XII. zum Papst gewählt worden. Damals stand er im 77. Lebensjahr, weswegen er von Vielen als Papst des Überganges gesehen wurde. Kaum einer rechnete damit, dass er bereits drei Monate nach Amtsantritt am 25. Januar 1959 das Konzil ankündigte, das am 11. Oktober 1962 begann. Auch das Thema „Kuba“ war 1962 für den engagierten Pontifex eine Herausforderung: Im Januar 1962 sah er sich gezwungen, den kubanischen Staatschef Fidel Castro zu exkommunizieren. Und im Oktober richtete er einen flammenden Friedensappell an die Verantwortlichen in den USA und Russland, die „Kuba-Krise“ diplomatisch zu regeln. Später zeigte sich, dass dieser Appell ebenso dringlich wie erfolgreich war.

Nebenbei sei noch erwähnt, dass nach Abschluss der ersten Sitzungsperiode des 2. Vatikanums, am 9. Dezember 1962, eine große Heiligsprechungsfeier in Rom stattfand: Neben den Wohltätern der Armen und Kranken, Antonio Maria Pucci und Francesco Maria da Camporosso, wurde der große Förderer der Eucharistieverehrung und Ordensgründer der Eucharistiner, Pierre-Julien Eymard, zur Ehre der Altäre erhoben.

Angelo Roncalli, wie der Papst mit bürgerlichem Namen hieß, war ein engagierter Verfechter der katholischen Sozial- und Friedensethik. Seine sieben Enzykliken, darunter „Mater et Magistra“ von 1961 und „Pacem in Terris“ von 1963 sind ein eindrucksvoller Beleg seines Denkens und Engagements.

Papst Johannes XXIII. starb am 3. Juni 1963 an Magenkrebs, einer Krankheit, die bereits im Sommer 1962 bei ihm diagnosti-

Papst Johannes XXIII. (1962)

ziert wurde. Er wurde im Jahr 2000 von Papst Johannes Paul II. seliggesprochenen.

PS: Papst Johannes XXIII. wurde vom amerikanischen Nachrichtenmagazin „TIME" zum Mann des Jahres 1962 gewählt. In der Begründung hieß es, der Papst habe der Welt etwas gegeben, was weder der Diplomatie noch der Wissenschaft möglich sei, das Gefühl einer Einheit als menschliche Familie (vgl. KStA Nr. 302, 1962, S. 1).

Bischofsweihen und -ernennungen

Der Sel. Papst nahm im Jahr 1962 mehrere Bischofsweihen und -ernennungen vor, von denen besonders die Weihen von Kardinal Ottaviani und des Beichtvaters Papst Pius XII., des späteren Kardinals Bea, von der Presse aufgegriffen wurden.
Der 1890 in Rom geborene Alfredo Ottaviani war ab 1935 Mitarbeiter beim Heiligen Offizium. 1953 wurde er als einziger Nicht-Bischof durch Papst Pius XII. zum Kardinal ernannt. Erst im April 1962 weihte ihn Papst Johannes XXIII. zum Bischof. Er nahm maßgeblichen Einfluss auf das Konzil und wurde 1965 Präfekt der Kongregation für die Glaubenslehre.
Auch der 1881 in der Nähe von Donaueschingen geborene Jesuit Augustin Bea war zunächst Kardinal (Ernennung 1959), bevor er am 19. April 1962 durch Papst Johannes XXIII. zum Bischof geweiht wurde. Schon im Jahr 1960 hatte der Papst ihn zum 1. Präsidenten des „Sekretariats für die Förderung der Einheit der Christen" gemacht. Auch Kardinal Bea zählte zu den Protagonisten des 2. Vatikanums.
Im Verlauf seines Pontifikates kreierte Papst Johannes XXIII. 52 Kardinäle in 5 Konsistorien. Das letzte Konsistorium, in dem 10 Kardinäle ernannt wurden, fand im März 1962 statt. Unter ihnen waren auch die Kardinäle Léon-Joseph Suenens, Erzbischof von Mecheln-Bruxelles und ab 1963 einflussreicher Moderator des 2. Vatikanums, sowie der Generalmagister des

Dominikanerordens Michael Browne OP. Bei allen Kardinalsernennungen fiel das Anliegen des Hl. Vaters auf, die Internationalität der Römisch-Katholischen Kirche zu verdeutlichen.

Augustin Kardinal Bea (1962)

Kirche in Deutschland

In Deutschland gab es 1962 eine kirchliche Großveranstaltung: Der Präsident des Zentralkomitees der Deutschen Katholiken, Karl Fürst zu Löwenstein, hatte vom 22. bis 28. August zum 79. Deutschen Katholikentag nach Hannover eingeladen. Er konnte bei der Abschlusskundgebung über 200.000 Menschen begrüßen. Unter dem Motto „Glauben – Danken – Dienen“ waren etwa 50 Bischöfe, Äbte und Kapitularvikare in die niedersächsische Landeshauptstadt gekommen, um mit den Gläubigen zu reflektieren, zu meditieren und zu feiern. Der Katholikentag endete mit einer Botschaft des Papstes und einer Ansprache von Bundeskanzler Konrad Adenauer.

Drei Aufsehen erregende Bischofsernennungen gab es 1962 in Deutschland. Anders als sein Vorgänger, der gerne junge Praktiker zum Bischof ernannte, bevorzugte Papst Johannes XXIII. die Ernennung von verdienten Professoren. So ernannte er den Dogmatiker Drs. Hermann Volk (geboren 1903) zum Bischof von Mainz, den Sozialwissenschaftler Drs. Joseph Höffner (geboren 1906) zum Bischof von Münster und den Fundamentaltheologen Dr. Rudolf Graber (geboren 1903) zum Bischof von Regensburg. „Der Spiegel“ kommentierte dies mit den Worten: „Wie einst der zwölfte Pius, protegiert auch der dreiundzwanzigste Johannes gerade jenen Typ von Priestern, dem er selber kaum entspricht. Pius wurde von katholischen Theologen als bedeutender Gelehrter geschätzt, während Johannes eher als schlichter Seelsorger und gütiger oberster Hirte denn als weiser Lehrer bei den Geistlichen Ansehen genießt.“ (Der Spiegel, Nr. 30/1962, S. 33)

Auch verlor die Kirche im Jahr 1962 gute Diener: Einer von ihnen, Aloysius Joseph Kardinal Muench, war erster Apostolischer Nuntius in der Bundesrepublik Deutschland und maßgeblich am Wiederaufbau Deutschlands beteiligt. Er verstarb am 15. Februar 1962. Der Sohn deutscher Einwanderer war zuvor Bischof von Fargo und wurde 1950 Apostolischer Nuntius. 1959 ernannte ihn Papst Johannes XXIII. zum Kardinal.

Julius Kardinal
Döpfner,
München
(1962)

Bischof
Drs. Joseph
Höffner,
Münster
(1962)

Viele Katholiken trauerten 1962 um Therese Neumann, genannt Resl von Konnersreuth. Sie verstarb am 18. September 1962. Die einfache Frau wurde weltbekannt, als 1926 von Stigmata die Rede war. Sie soll seitdem auch außer der Hl. Kommunion weder gegessen noch getrunken haben und in ihren zahlreichen Visionen aramäisch, die Sprache Jesu, gesprochen haben. Der Regensburger Bischof Gerhard Ludwig Müller eröffnete im Jahr 2005 den Seligsprechungsprozess.

Im Jahr 1962 gab es eine Aufsehen erregende Klosteraktion: Am 1. Mai 1962 siedelten wieder Nonnen – 20 Benediktinerinnen aus dem Kloster Herstelle – in Engelthal an. Das Kloster Engelthal ist eine Benediktinerinnenabtei in der hessischen Wetterau. Es war 1268 als Zisterzienserinnenkloster gegründet und – wie viele andere Klöster auch – im Jahr 1803 vom Staat säkularisiert worden. 1952 erwarb das Bistum Mainz die Kirche und 1961 den gesamten Klausurbereich und trug Sorge dafür, dass das Kloster ein Jahr später wieder besiedelt werden konnte.

Im Jahr 1962 wurden schließlich drei deutsche Weihbischöfe geboren, die von Papst Benedikt XVI. 2010/2011 ernannt wurden: Helmut Dieser, Weihbischof im Bistum Trier, sowie die Münsteraner Weihbischöfe Christoph Hegge und Wilfried Theising.

PS: Am 28. April 1962 starb in Monza die 2004 heiliggesprochene italienische Kinderärztin Gianna Beretta Molla. Sie gilt weltweit als Vorbild der Lebensrechtsbewegung. Als sie mit ihrem vierten Kind schwanger war, fand man einen gutartigen Tumor im Gebärmuttereingang. Ihr Arzt riet ihr, eine Abtreibung vornehmen zu lassen, was sie jedoch strikt ablehnte. Stattdessen entschied sie sich zu einer komplizierten Operation, durch die das Kind gerettet wurde; doch traten bald Komplikationen auf, sodass die tapfere Mutter innerhalb von einer Woche verstarb. Der Ruf der Heiligkeit verbreitete sich rasend schnell.

Aus Gesellschaft und Kultur

Hitparaden

Man mag es im Nachhinein kaum glauben: Die Beatles machten zu Beginn des Jahres 1962 die ersten Probeaufnahmen bei der Plattenfirma Decca und wurden mit der Begründung abgelehnt, dass an Gitarrengruppen kein Interesse sei. Trotzdem durften sie im September ihre erste Single aufnehmen (Love me do), die jedoch nur mäßig nachgefragt wurde. Da ging es Conny Froboess besser: Mit ihrem Titel „Zwei kleine Italiener“ wurde sie Siegerin der Deutschen Schlagerfestspiele Baden-Baden. Gerhard Wendland stand mit „Tanze mit mir in den Morgen“ vier Wochen lang an der Spitze der deutschen Hitparade. Auf 12 Wochen brachte es der von Rex Gildo gesungene Hit „Speedy Gonzalez“. Dieser Hit hatte zuvor Pat Boone an die Spitze der amerikanischen Charts getragen. Elvis Presley hatte 1962 unter anderem mit „Return to sender“ und „She's not you“ einige Hits, und die Tokens wurden berühmt mit „The lion sleeps tonight“. Chubby Checker führte mit „Let's twist again“ den Twist als neuen Modetanz ein. Freddie Quinn schaffte einen Evergreen, der bis heute unvergessen ist: „Junge, komm bald wieder“. Übrigens war 1962 auch das „Geburtsjahr“ der Rolling Stones: Sie hatten ihren ersten Auftritt im Marquee-Club in London.

In deutschen Kinos

Auch in den deutschen Kinos wurde ein Evergreen vorgestellt: „Frühstück bei Tiffany“ mit Audrey Hepburn nach dem Roman von Truman Capote. Weitere Kinohits des Jahres 1962 waren „Laurence von Arabien“ (von David Lean) mit Peter O'Toole und Omar Sharif sowie „Die sieben Samurai“ von Akira Kurosawa. Im Kriegsepos „Der längste Tag“ wirkten die meisten der damals renommierten Schauspieler mit, angefangen mit Richard Burton über Henry Fonda und Gerd Froebe bis Kurt Jürgens und John Wayne. Am 5. Oktober 1962 wurde zum ersten Mal ein

James Bond-Film vorgestellt, „James Bond jagt Dr. No“, mit Sean Connery und Ursula Andress in den Hauptrollen. Der Film kam im Januar 1963 auch in deutsche Kinos und wurde ein Kassenschlager.

Literatur

Das literarische Jahr 1962 war geprägt von Aufbruchstimmung und Rebellion. Immer stärker suchte die Jugend nach Aussagen, die sich mit der Vergangenheit der Vätergeneration befassten. Es wuchs einerseits das Interesse an politisch-kritischen Fragestellungen und andererseits an Idealen wie Freiheit, Gleichheit und Liebe – gekoppelt mit dem Versuch, tradierte Normvorstellungen zu überwinden. Ein viel gelesener Autor dieser Richtung war der Schriftsteller Hermann Hesse, der am 9. August 1962 verstarb. Mit seinem Roman „Der Steppenwolf“ schuf er ein Leitbild für viele junge Menschen und wurde zum Idol einer ganzen Generation.

Ein weiteres Idol der damaligen Zeit war John Steinbeck, der sich in seinen Arbeiten besonders für die Aufhebung der Rassentrennung in den USA und eine verbesserte Sozialgesetzgebung einsetzte. Er erhielt 1962 den Nobelpreis für Literatur. Den Friedenspreis des deutschen Buchhandels bekam Paul Tillich.

Friedrich Dürrenmatt stellte 1962 sein Werk „Die Physiker“ vor und Anthony Burgess sein aufsehenerregendes Buch „A Clockwork Orange“. Nicht zuletzt veröffentlichte die amerikanische Journalistin Rahel Carson ihr Werk „Der stumme Frühling“, in dem Viele bis heute den Beginn der Umweltbewegung sehen.

Sport

Fußball

Die „wichtigste Nebensache der Welt“ zum Schluss: Der erste FC Köln wurde am 12. Mai 1962 Deutscher Fußballmeister. Mit 4:0 schlug der damalige Erste der Oberliga West (Köln) den Meister der Oberliga Süd (Nürnberg) im Olympiastadion in Berlin. Über 82.000 Zuschauer sahen die Tore von Hans Schäfer, Ernst-Günter Habig und Fritz Pott und freuten sich zusammen mit ihrem Trainer Zlatko Cajkowksy über den Titel. Pokalsieger wurde der 1. FC Nürnberg. Mit 2:1 besiegte der „Club“ Fortuna Düsseldorf nach Verlängerung in Hannover. Deutschlands Fußballer des Jahres wurde Karl-Heinz Schnellinger vom 1. FC Köln.

Vom 30. Mai bis 17. Juni 1962 fand in Chile die Fußballweltmeisterschaft statt. Sie ging als überaus denkwürdige WM in die Geschichte des Fußballs ein: Sehr hartes Spiel, zum Teil unfaire Mannschaften, schwache Schiedsrichter. Die deutsche Mannschaft, die von Sepp Herberger trainiert wurde, schied nach einer 1:0-Niederlage gegen Jugoslawien bereits im Viertelfinale aus. Das Endspiel bestritt Brasilien gegen die Tschechoslowakei. Die Südamerikaner mit Spielern wie Didi, Garrincha oder Pele gewannen mit 3:1 und wurden zum zweiten Mal Weltmeister.

Andere Sportarten

Tennis hatte noch keine so große Anhängerschar wie in den 80er Jahren. Der Australier Rod Laver gewann alle Grand-Slam-Turniere im Herren-Einzel. In Wimbledon waren alle 4 Halbfinalisten Australier. Auch hier setzte sich Rod Laver ungefährdet durch. Natürlich wurde 1962 auch eine „Tour de France“ durchgeführt. Gewinner war der Franzose Jacques Anquetil. Der Deutsche Rudi Altig gewann als Punktbester das grüne Trikot.

Im Motorsport gewann der Engländer Graham Hill 1962 u. a. den Großen Preis von Deutschland auf dem Nürburgring sowie die Rennen in Zandvoort und Monza und wurde Formel-1-Weltmeister.

Darüber hinaus fanden im Februar 1962 in Chamonix die 17. Alpinen Skiweltmeisterschaften statt. Die Abfahrt und die Kombination gewann der Tiroler Karl Schranz; bei den Frauen dominierten Marianne Jahn (Slalom) und Christl Haas (Abfahrt), ebenfalls aus Österreich.

Sportler des Jahres

Nicht zuletzt Deutschlands Sportler des Jahres 1962: Bei den Herren wurde mit überwältigender Mehrheit der Schwimmer Gerhard Hetz gewählt und bei den Damen die Sprinterin Jutta Heine, die bei den Europameisterschaften 1962 in Belgrad Siegerin über 200 m wurde. Bei diesem großen Sportereignis in Belgrad errangen übrigens auch die deutsche Sprinterstaffel (mit Manfred Germar) und die 4 x 400-m-Staffel je eine Goldmedaille.
„Mannschaft des Jahres 1962" war der Ratzeburger Ruder-Achter, der nicht nur Deutscher Meister geworden war, sondern auch Weltmeister bei den ersten Ruderweltmeisterschaften, die 1962 in Luzern stattfanden.

Köln

Köln 1962

Zum Abschluss ein nicht immer ganz ernst zu nehmender Blick auf die schöne Stadt Köln.
Oberbürgermeister war 1962 Theo Burauen (1906 – 1987), Oberstadtdirektor Max Adenauer (1910 – 2004), drittes Kind des späteren Bundeskanzlers Konrad Adenauer und dessen 1. Ehefrau Emma (geb. Weyer). Der Kölner Stadtanzeiger kostete damals 30 Pfennig und ein Herrenhaarschnitt 3,00 DM. Das Kölner Fernmeldehaus wurde eingeweiht und das Schauspielhaus in Betrieb genommen. Im Wallraf-Richartz-Museum fand eine große Toulouse-Lautrec-Ausstellung statt, und der Kölner

Der Kölner Dom

Stadtanzeiger eröffnete im Beisein des Künstlers eine große Max Ernst-Ausstellung.
Das neue Jahr ging mit dem damals sehr beliebten Sechstagerennen los, das 1962 Rik Van Steenbergen / Emile Severeyns souverän gewannen. Im Februar war große Filmpremiere im Kölner Residenz: „Twist, dass die Röcke fliegen".
Und dann kam auch schon der Rosenmontag. Nicht nur das Dreigestirn, Prinz Alex I., Jungfrau Winanda und Bauer Ray hielten tapfer durch – denn nach dem Eisregen an Weiberfastnacht folgten Schneeschauer am Rosenmontag –, sondern mit ihnen auch 3.500 Narren, 1.500 Musiker und über 600.000 begeisterte Zuschauer. Das Motto der Session schien sich zu bewahrheiten: „Wat et nit all gitt."
Für nicht wenige Kölner war es vielleicht die wichtigste Nachricht des Jahres: Der 1. FC Köln wurde am 12. Mai 1962 Deutscher Fußballmeister. Ganz Köln freute sich über diesen erneuten Titel.
Für Viele war sicherlich die politische Entwicklung in Köln wichtiger: Bei der Landtagswahl NRW am 8. Juli 1962 wurde die CDU zwar wieder stärkste Fraktion im Land und konnte auch dank der Hilfe der FDP den Ministerpräsidenten (Dr. Franz Meyer) stellen, doch gelang es der SPD in Köln zum 1. Mal seit 1947, gleich 3 Direktmandate (von 6 Wahlkreisen) zu gewinnen. Der Vorsprung der CDU war auf 4.400 Stimmen gesunken.
Gleich mehrmals bekamen die Kölner hohen politischen Besuch. Auch wenn die Reise des ehemaligen amerikanischen Präsidenten Dwight D. Eisenhower als „privat" deklariert worden war, kam sein Besuch in Köln am 2. August 1962 einem Staatsempfang gleich. Noch größer war der Enthusiasmus, als Anfang September der französische Staatspräsident Charles de Gaulle und seine Frau Yvonne die Stadt und den Dom besuchten. Die Stadt war ein einziges Fahnen- und Blumenmeer. Da war es beim SPD-Parteitag vom 26. bis 30. Mai wesentlich ruhiger, obwohl die Großen der Opposition in Köln versammelt waren: Herbert Wehner, Erich Ollenhauer und Willy Brandt.

Im Jahr 1962 trauerten die Einwohner der Stadt Köln um zwei bekannte Mitbürger: Am 2. März war der ehemalige Kölner Oberbürgermeister Dr. Ernst Schwering 75-jährig verstorben, und am 17. Dezember starb der durchaus umstrittene deutsche Sportwissenschaftler und Funktionär Carl Diem, der u. a. die Kölner Sporthochschule aufgebaut hatte und bis zu seinem Tod auch deren Rektor war.

Die Kölner und ihre Kirche

Der Kölner Erzbischof Josef Kardinal Frings, der am 6. Februar 1962 seinen 75. Geburtstag feierte, verabschiedete sich im Oktober desselben Jahres von seiner Bischofsstadt, um am 2. Vatikanischen Konzil in Rom teilzunehmen.
Zuvor hatte er jedoch noch einen wichtigen Termin: Am 7. August 1962 war der langjährige beliebte Regens des Kölner Priesterseminars, Dr. Augustinus Frotz (1903 – 1994), von Papst Johannes XXIII. zum Titularerzbischof von Corada-Damaskus und zum Weihbischof in Köln ernannt worden. Genau zwei Monate später, am 7. Oktober 1962, fand im Kölner Dom die Bischofsweihe durch Kardinal Frings statt. Wie der Erzbischof fuhr auch der neue Weihbischof anschließend nach Rom, um am 2. Vatikanum teilzunehmen. Aufbauend auf der Kirchenkonstitution „Lumen gentium“ machte Weihbischof Frotz es sich zur Aufgabe, an der Erneuerung des Diakonates zu arbeiten. Sechs Jahre später weihte er die ersten verheirateten Männer zu Ständigen Diakonen.
Mit Kardinal Frings besuchten damals sein Sekretär Hubert Luthe und der junge Professor Ratzinger, der heutige Papst Benedikt, die Kölner Kathedrale, um am Schrein der Hll. Dreikönige für ein gutes Gelingen des Konzils zu beten.
Als der Heilige Vater aus Anlass des Weltjugendtages 2005 erneut das „Hillije Kölle“ besuchte, erinnerte er sich an diese Zeit: „Ich freue mich, dass ich heute Abend bei Ihnen sein kann in dieser Stadt Köln, an die mich so viele schöne Erinne-

„man in Rom noch um die Endfassung des Ordo Novus rang". Hochaltäre wurden „ausrangiert, Tabernakel entfernt oder nicht mehr benützt". Es habe sogar Neupriester gegeben, die als „Bedingung für die Annahme ihrer Weihe die Zusicherung des Bischofs" verlangten, „sie würden niemals in einer barocken Kirche Dienst tun müssen".

In Köln wurden, noch ein halbes Jahr vor Konzilsbeginn, 26 junge Männer 1962 zu Priestern geweiht. Darunter auch die Zwillinge Alfred und Heribert Hausen. Alfred Hausen erinnert sich, dass man damals wechselnde Gefühle hatte als Theologe und Neupriester: „Bis zu unserer Priesterweihe waren Welt und Kirche noch in Ordnung – alles schön konservativ, traditionsbewusst, felsensicher." Auch Neupriester wie Hausen haben rückwirkend das Gefühl: „Mit dem Jahre 1962 begann der große Paukenschlag." Und es waren vor allem zwei mit dem Erzbistum Köln verbundene Persönlichkeiten, die damals Aufsehen erregten und Schlagzeilen machten: der Kölner Erzbischof und Kardinal Josef Frings sowie sein junger theologischer Berater von der Bonner Fakultät, Professor Joseph Ratzinger. Frings wurde schon bald als einer der bedeutenden Konzilspräsidenten wahrgenommen, seine Reden in lateinischer Sprache konnten nicht überhört werden. Schon vor Beginn des Konzils hatte Frings unweit von Rom einen Vortrag gehalten, um den Sinn dieser Kirchenversammlung zu erläutern. Der damalige Papst hörte von diesem Vortrag und bestellte den Kölner Kardinal zur Audienz in den Apostolischen Palast – um sich bei seinem Mitbruder zu bedanken. Dieser habe, so Johannes XXIII., exakt zum Ausdruck gebracht, was der Papst mit dem Zweiten Vatikanischen Konzil beabsichtige. Frings nahm den Dank erfreut entgegen, um ihn sofort virtuell weiterzureichen an den Autor seines Vortrags, den Theologen Ratzinger.

Wie machte sich aber dann konkret das Konzil vor Ort, im Leben des Priesters und der Gläubigen bemerkbar? Alfred Hausen, der damalige Jungpriester, erinnert sich: „Es war vor allem die Liturgie, die sich änderte. Da damals noch rund 80 Prozent der Gläubigen zur Sonntagsmesse gingen, fiel vor allem dieser Wandel der Messfeier ins Auge. Bisher wurde die heilige Messe ganz in lateinischer Sprache gefeiert, und nun wurde plötzlich die Volkssprache eingeführt. Dies war für viele eine echte Revolution, und das wurde von den Leuten begrüßt. Nun konnte man die Texte der Messfeier verstehen." Zugleich gab es, auch daran erinnert man sich, bei einigen Katholiken großes Bedauern. Immerhin war es bis zu dieser Zeit auch ein großartiges Erlebnis, den Gottesdienst überall auf der Welt, eben in der gesamten Weltkirche in gleicher Weise, also in Latein mitfeiern zu können. Der Wortgottesdienst und damit das Wort Gottes erfuhr – und dies kam offenbar damals ebenfalls gut bei den Katholiken an – eine Aufwertung, so dass beide Teile der Messfeier jeweils einen Höhepunkt bekamen. Der Wortgottesdienst gipfelte in der „Kommunion" des Evangeliums, die Opferung führte zum Empfang des Allerheiligsten, der Kommunion mit dem eucharistischen Herrn. Neu wurde auch die Ausrichtung der Priesterzelebration. War sie zuvor stets zum Herrn hin gen Osten, so wurde sie nun zum Volk hin gewendet, um den Mahlcharakter der Eucharistiefeier zu unterstreichen.

Primizbild

Für ältere Priester waren die Änderungen sicher nicht immer leicht, für ältere Gläubige ebenfalls nicht. Jüngere Christen schienen sich leichter zu tun, wie auch jüngere Priester. Inzwischen sind viele der damals entstandenen Hoffnungen einem

nüchternen Realismus gewichen, und vor allem in Europa ist der Schwung, den das Konzil damals auslöste, eher verflogen. Während weltweit die Zahl der Priester in den vergangenen Jahren enorm anstieg und ebenso die Zahl der Gläubigen, verzeichnen nicht wenige in Europa und vor allem in Deutschland ein Verdunsten des Glaubens und ein Verschwinden des missionarischen Eifers. Deutschland ist zum Missionsland geworden. Leider. Oder: Zum Glück. Denn hierin kann auch eine besondere Chance liegen, sich wieder auf das Wesentliche zu konzentrieren und eine für die Welt segensreiche Entweltlichung der Kirche zu wagen, wie sie Papst Benedikt XVI., der letzte wirkliche Konzilspapst, bei seinem Deutschlandbesuch 2011 in Freiburg forderte. So gesehen gilt es, das Zweite Vatikanische Konzil wieder neu zu entdecken.
Das weiß auch Alfred Hausen, der manches in seiner Kirche als pensionierter Pfarrer kritisch begleitet. Etwa die Schaffung von Großpfarreien und Seelsorgebezirken. Er weiß: „Bei diesen Großpfarreien klagen heute viele Christen darüber, dass sie ihre religiöse Heimat verloren haben und dass die (zu) wenigen Priester kaum noch als Ansprechpartner zur Verfügung stehen können. Viele Gemeinden vor Ort fühlen sich wie Herden ohne Hirten. In seinem Priesterleben spannt sich ein Bogen von einer Traditionskirche über eine dann neu entdeckte Volkskirche bis hin zu einer Diasporakirche, in der vieles verdunstet und der Glaube neu und bewusst entdeckt und erfahren werden muss. Was das Konzil wollte, ist vielleicht heute aktueller denn je: keine Anpassung an die Welt, wohl aber ein Heutigwerden der ewigen Wahrheit und der unverkürzten Verkündigung des Wortes Gottes mitten in die Welt hinein.

26 Männer wurden am 22. Februar 1962, dem Fest Cathedra Petri, nur wenige Monate vor Eröffnung des Zweiten Vatikanischen Konzils, in der Hohen Domkirche zu Köln zu Priestern geweiht.

Betet für uns, daß Gott uns die Tür des Wortes aufmache zur Verkündigung des Geheimnisses Christi, damit wir es kundtun, wie es unsere Pflicht ist. Kol. 4, 3 u. 4

Winfried Aymans	Hans Wilhelm Hegenberg
Franz Bollenbach	Gerhard Herkenrath
Klaus Brüssermann	Siegfried Kollmann
Uwe Diedrichs	Werner Limbach
Martin Eppenich	Heinz Linn
Heinz Färber	Hans Lüdenbach
Clemens Feldhoff	Werner Muthig
Norbert Gerhards	Michael Nienaber
Hans Peter Groß	Hans Dieter Schelauske
Peter Haanen	Wilfried Schindler
Winfried Hamelbeck	Wolfgang Sprint
Alfred Hausen	Gottfried Weber
Heribert Hausen	Jochen Zerlin

Zu Priestern geweiht

im Dom zu Köln am 22. Februar 1962

Christus der Erbarmer - Nr. 304, Bongers Recklinghausen

Auf ihrem Primizbildchen stand:
Betet für uns, dass Gott uns die Tür des Wortes aufmache zur Verkündigung des Geheimnisses Christi, damit wir es kundtun, wie es unsere Pflicht ist. (Kol 4,3 u. 4)

Das 2. Vatikanische Konzil

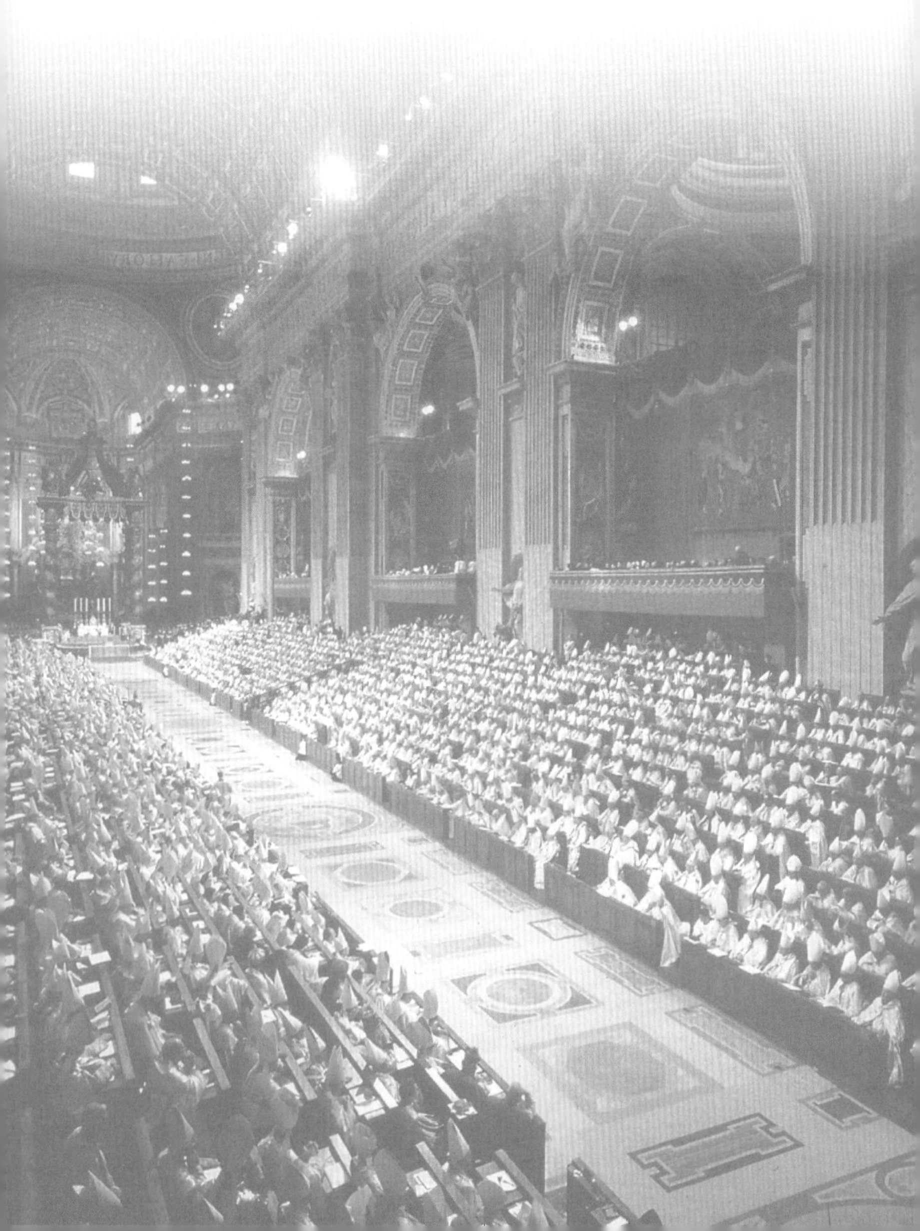

Das 2. Vatikanische Konzil – Vorgeschichte

Hans Nitsche

Das nach katholischer Zählung 21. ökumenische Konzil begann am 11. Oktober 1962, am Fest der Mutterschaft Mariens, das 1931 als Hochfest anlässlich des 1500-jährigen Jubiläums des Konzils von Ephesus eingeführt worden war. Dieser Termin war nicht zufällig von Papst Johannes XXIII. gewählt worden, war doch die Gottesmutter gleichsam „Wegbegleiterin" für ein kirchliches Jahrhundertereignis, das zum Symbol für die Erneuerung der katholischen Kirche werden sollte. Ziel sollte ein umfassendes „Aggiornamento" sein, ein zeitgemäßes Glaubenszeugnis ohne Verurteilungen Andersdenkender und ohne Verfälschung der Inhalte und damit eine Erneuerung des Lebens der Kirche.
Zwar hatte schon Papst Pius XII. intern angedeutet, dass er bald mit einem Konzil rechne; doch dass sein Nachfolger bereits wenige Monate nach seiner Wahl ein solches ankündigte, überraschte die ganze Kirche. Dieses Konzil wurde am 25. Januar 1959 von Papst Johannes XXIII. bekanntgegeben und in vier Sitzungsperioden jeweils im Herbst mit zusammen 178 Treffen zwischen Oktober 1962 und Dezember 1965 abgehalten. Insgesamt nahmen 2.540 Konzilsväter an der Eröffnung und an den Beratungen teil.
Die Vorgeschichte des Konzils begann eigentlich mit der Papstwahl 1958. Angelo Roncalli, der Patriarch von Venedig, war am 28. Oktober 1958 zum Nachfolger von Papst Pius XII., der am 9. Oktober desselben Jahres verstorben war, gewählt worden. Er nahm den Namen Johannes XXIII. an und verwies darauf, dass sein von ihm sehr verehrter Vater den Hl. Johannes den Täufer als Namenspatron hatte und die Heimatkirche des neuen Pontifex als Kirchenpatron verehrte.
Nach den ersten Wochen der Eingewöhnung in das neue Amt, nach den Weihnachtsfeierlichkeiten und dem Segen „urbi

et orbi“ am Neujahrstag kam es Mitte Januar 1959 zu einer Unterhaltung des Papstes mit seinem Kardinalstaatssekretär Domenico Tardini. Bei der Unterhaltung ging es um die Kirche, eine zeitgemäße Form der Verkündigung und die Frage, wie die Kirche der zerstrittenen Welt ein Zeichen des Friedens und der Hoffnung geben könne. Der Kardinal wunderte sich über die spontane Antwort des Heiligen Vaters: „Durch ein Konzil.“

Am 25. Januar 1959 kam es schließlich zu der legendären Begegnung des Papstes mit einigen Kardinälen, bei der der Heilige Vater die Worte sprach: „Ehrwürdige Brüder und geliebte Söhne! Gewiss ein wenig zitternd vor Bewegung, aber zugleich mit demütiger Entschlossenheit im festen Vorsatz sprechen Wir vor Euch den Namen und das Vorhaben einer doppelten feierlichen Veranstaltung aus: einer Diözesansynode der Stadt Rom und eines Ökumenischen Konzils für die Gesamtkirche.“ Die Antwort der versammelten 17 Kardinäle war ein versteinertes Schweigen, das den Papst sowohl irritiert wie auch gekränkt haben soll. Den Termin für diese Ankündigung hatte er sehr bewusst gewählt: Es war der Abschluss der „Weltgebetswoche für die Einheit der Christen“.

Keine vier Monate nach der Ankündigung rief der Papst eine „vor-vorbereitende“ Konzilskommission („antepraeparatoria“) unter Kardinal Tardini ins Leben. Der Kardinal forderte kurz danach in einem Schreiben den Weltepiskopat, die Ordensoberen und die katholischen Universitäten auf, „in vollkommener Freiheit“ Vorschläge zu den Themen für das Konzil zu machen.

Am 29. Juni 1959 wurde schließlich durch die Enzyklika „Ad Petri Cathedram“, der Antrittsenzyklika von Papst Johannes XXIII., das Konzil offiziell angekündigt und damit sozusagen zum Hauptanliegen seines Pontifikats erklärt. Der Papst sprach in dieser Enzyklika von der Sehnsucht der Menschen, zur Einheit zu gelangen, wobei er die „Einheit“ sowohl auf die Lehre wie auf die Organisation und die gemeinsame Verehrung Gottes bezog. Als Kurzformel könnte man „von der Einheit im Glauben“ sprechen. Zwar kündigte der Papst mit der Enzyklika eine neue Perspektive hin-

Papst Johannes XXIII. (1958)

sichtlich der Ökumene an, doch stellte er gleichzeitig klar, dass es sich zunächst um ein innerkirchliches Konzil handele. Ergänzend dazu erklärte Kardinal Tardini am 30. Oktober desselben Jahres auf einer Pressekonferenz, man erwäge, dass die nichtkatholischen Kirchen durch „Beobachter" vertreten sein könnten.
Im Januar 1960 wurde schließlich die angekündigte römische Diözesansynode durchgeführt, die eine Art Modellfunktion für das Konzil haben sollte. Im Nachhinein waren sich die allermeisten Beobachter einig, dass diese Synode sowohl hinsichtlich des Verlaufs und auch der Ergebnisse eher ernüchternd war.
Im Juni 1960 beendete die vor-vorbereitende Kommission ihre Arbeiten, und der Papst setzte mit dem Motu Proprio „Superno dei Nutu" die eigentlichen vorbereitenden Kommissionen ein. Er entschied sich für zehn bzw. elf Vorbereitungskommissionen und zwei Sekretariate und definierte die Zentralkommission zur Sam-

Papst Johannes XXIII. in St. Peter

melstelle für die Arbeitsresultate der anderen Kommissionen. Mit besonderer Freude begrüßte der Zentralausschuss des Weltrates der Kirchen die Gründung des „Sekretariats zur Förderung der Einheit der Christen“, dem unter der Leitung von Kardinal Bea im Konzil große Bedeutung zukam. Nachdem sich im Herbst 1960 die Kommissionen und Sekretariate für die Konzilsvorbereitung konstituiert hatten, gab der Papst am 14. November eine Audienz für schon ernannte Mitglieder der vorbereitenden Kommissionen und damit sozusagen den Startschuss für die eigentliche Vorbereitungszeit. Die erste Vollsitzung der zentralen Vorbereitungskommission fand im Juni 1961 statt.
Ein Wermutstropfen fiel in die Vorbereitungszeit, als Kardinalstaatssekretär Tardini starb. Sein Nachfolger wurde Kardinal Amleto Cicognani, der zuvor Sekretär der Kongregation für die orientalischen Kirchen war.
Am Weihnachtstag 1961 berief der Papst mit der Apostolischen Konstitution „Humanae salutis“ das Konzil für das Jahr 1962 ein. Fünf Wochen später setzte er den Konzilsbeginn auf den 11. Oktober fest. In dieser Konstitution stellte der Heilige Vater die Ziele und Kriterien des Konzils vor und benannte den Hl. Josef neben der Gottesmutter Maria zu seinen besonderen Schutzpatronen. Am 1. Juli 1962 stellte der Papst seine neue Enzyklika „Poenitentiam agere“ vor, in der er mit ernsten und geradezu ermahnenden Worten zu Gebet und Buße als „beste Vorbereitung“ für das Konzil aufforderte. Es folgte am 11. September eine Radiobotschaft des Pontifex, in der er u. a. ausführte: „Das Konzil wird in feierlicher und weihevoller Form die grundlegenden Gebote der Brüderlichkeit und Liebe hervorheben, die, der Natur des Menschen vorgegeben, dem Christen als Verhaltensregel von Mensch zu Mensch und von Volk zu Volk auferlegt sind.“
Sehr konsequent bereitete der Heilige Vater sich auch selber auf das vor ihm liegende Ereignis vor: Vom 10. bis 15. September 1962 zog er sich zu Einkehrtagen in den frisch restaurierten Johannesturm im Vatikan zurück, und am 4. Oktober begab er sich

auf eine Wallfahrt nach Loreto und Assisi, um für das Gelingen des Konzils zu beten. Immerhin hatte seit fast hundert Jahren kein Papst die Umgebung des Vatikans oder Roms verlassen.

Eintreffen von Kardinal Wyszynski in Rom

Am 11. Oktober 1962 war es so weit: 2.540 Konzilsväter zogen in feierlicher Prozession zur Konzilseröffnung in die Peterskirche ein. Für die meisten von ihnen ein unvergesslicher Tag. In seiner Eröffnungsansprache machte der Papst aus seiner Freude keinen Hehl: „Es jubelt die Mutter Kirche, weil durch besondere Gnade der göttlichen Vorsehung dieser hochersehnte Tag angebrochen ist... ." Zugleich wandte er sich an die Skeptiker der Versammlung: „Sie reden unablässig davon, dass unsere Zeit im Vergleich zur Vergangenheit dauernd zum Schlechteren abgeglitten sei", und bekannte: „Wir aber sind völlig anderer Meinung als diese Unglückspropheten... ." Er führte aus: „In der gegenwärtigen Entwicklung der menschlichen Ereignisse, durch welche die Menschheit in eine neue Ordnung einzutreten scheint, muss man viel eher einen verborgenen Plan der göttlichen Vorsehung anerkennen. Dieser verfolgt mit dem Ablauf der Zeiten, durch die Werke der Menschen und meist über ihre Erwartungen hinaus sein eigenes Ziel, und alles, auch die entgegengesetzten menschlichen Interessen, lenkt er weise zum Heil der Kirche."

Die erste Sitzungsperiode des Zweiten Vatikanischen Konzils – Ein Rückblick*

Joseph Ratzinger (Papst Benedikt XVI.)

Inhalt

Vorwort

Die folgenden Ausführungen wurden am 18. Januar 1963 als Erlebnisbericht vom Konzil auf Einladung des Bonner Una-Sancta-Kreises der Pax-Christi-Bewegung und der Katholischen Studentengemeinde in der Aula der Universität Bonn vorgetragen. Für die Einzelinformationen stütze ich mich dabei auf die laufenden Nachrichten in der Herderkorrespondenz, ohne sie jeweils eigens anzuführen. Dankbar erinnere ich mich an die vielen Gespräche mit befreundeten Theologen während des Konzils, die meine eigenen Überlegungen befruchtet und mitgestaltet haben. In ganz besonderer Dankesschuld bin ich dem Hochwürdigsten Herrn Erzbischof von Köln, Seiner Eminenz Kardinal Frings, verbunden, der mir die Teilnahme am Konzil ermöglicht und durch seine tiefe menschliche Güte den römischen Tagen jenen Glanz verliehen hat, in dem sie seitdem in meinem Gedächtnis stehen.
Bonn, den 19. März 1963
Joseph Ratzinger

Das Zweite Vatikanische Konzil heute schon theologisch oder historisch würdigen zu wollen, wäre verfrüht. Seine Bewegung ist noch mitten im Gang, und niemand vermag im Augenblick genau zu sagen, zu welchen Ergebnissen sie im Einzelnen führen wird. So ist denn die Absicht des folgenden Versuchs, der auf das Drängen von Freunden hin gewagt wurde, viel bescheidener: Er soll ganz schlicht Zeugnis geben von dem Erlebten, von jener Erfahrung der Vitalität des Glaubens in der Kirche, die das eigentliche „Ergebnis" der ersten Konzilsperiode darstellt.[1]

Eröffnung des Konzils

Wenn man zurückblickt und versucht, sich die Ereignisse der Reihe nach zu vergegenwärtigen, so muss man sagen: Am Anfang des Konzils stand ein gewisses Unbehagen, stand die Sorge, das Ganze möchte in eine Bestätigung vorgefasster Beschlüsse sich verkleinern und dadurch der notwendigen Erneuerung der Kirche mehr schaden als nützen, indem es die Hoffnungen der vielen enttäuschte, sie mutlos machte, die Dynamik des Guten lähmte und all die vielen neuen Fragen, die die Zeit der Kirche stellt, wieder einmal mehr oder weniger beiseite schob. Zweifellos, die Kommissionen hatten tüchtig gearbeitet. Aber ihr Fleiß hatte eigentlich etwas Bedrückendes an sich. 70 Schemata waren aus der Vorbereitungsarbeit herausgewachsen, die, wenn man sie zusammen gedruckt hätte, einen Folianten von über 2000 Seiten gefüllt und so mehr als das Doppelte dessen dargestellt hätten, was alle bisherigen Konzilien der Kirchengeschichte zusammen hervorgebracht haben. Wie sollte man sich in diesem ungeheueren Wust von Texten zurechtfinden? Wie sollte das Konzil daraus einen verständlichen und die Menschen von heute bewegenden Impuls herausdestillieren? Musste man nicht eher fürchten, das Konzil werde am Schluss eine Art Super-Dogmatik verabschieden, die jeder weiteren Arbeit wie ein schwerer Mühlstein im Wege liegen würde?

Dennoch lag über der Ankunft in Rom eine gewisse Hochstimmung, jenes geheimnisvolle Gefühl des Anfangs, das den Menschen wie kaum ein anderes bewegt und beflügelt, gesteigert noch durch das Empfinden, Zeuge eines Ereignisses von großer geschichtlicher Tragweite zu sein. Die Vielfalt der Sprachen, die mehr noch als sonst die Stadt erfüllte, der Reichtum der Begegnungen, der sich anbahnte, die Erwartung des Kommenden, das alles konnte einen Augenblick die geheime Sorge vergessen lassen, die man sozusagen in seinem Reisegepäck mit zum Konzil getragen hatte. Der eigentümliche Zwiespalt der Gefühle, der sich daraus ergab, lag auch über der Eröffnungsfeier in St. Peter. Die mächtige Kathedrale, die Größe der alten Liturgie, die bunte Vielfalt der Gäste aus aller Welt – das alles war höchst eindrucksvoll. Auf der anderen Seite war da doch ein gewisses Unbehagen, dessen bei weitem äußerlichstes Symptom in dem Missvergnügen an der schier endlosen Dauer der Zeremonien lag. Das konnte gewiss ein recht unsachlicher Maßstab sein, aber hier enthüllte er etwas Tieferes: Der Feier der Eröffnungsliturgie fehlte die alle mit einbeziehende Gemeinsamkeit, und ihr fehlte die innere Geschlossenheit. Ist es denn normal, dass 2500 Bischöfe, von den vielen anderen Gläubigen ganz zu schweigen, zu stummen Zuschauern einer Liturgie verurteilt sind, in der außer den amtierenden Liturgen nur die Capella Sistina das Wort hat? War es nicht ein Symptom eines der Überwindung bedürftigen Zustandes, dass die aktive Mitwirkung der Anwesenden nicht gefordert war? Und warum musste eigentlich das Credo nach der Messliturgie noch einmal ausführlich verrichtet werden, wo doch die Messe Raum hat für das Glaubensbekenntnis? Warum war noch einmal eine umständliche Liturgie des Wortes vonnöten, wo doch die Messe Lesung und Evangelium kennt? Warum mussten noch einmal ausführlich Litaneien gesungen werden, wo doch in der Messliturgie immer noch die Stellen erkennbar sind, an denen Fürbittgebete in sie eingefügt werden können? Man hatte unverbunden zwei Liturgien neben-

Konzilsimpressionen:
U. a. Professor Joseph Ratzinger, Hubert Luthe mit Josef Kardinal Frings und die Bischöfe Corrado Bafile und Aloys Kardinal Muench

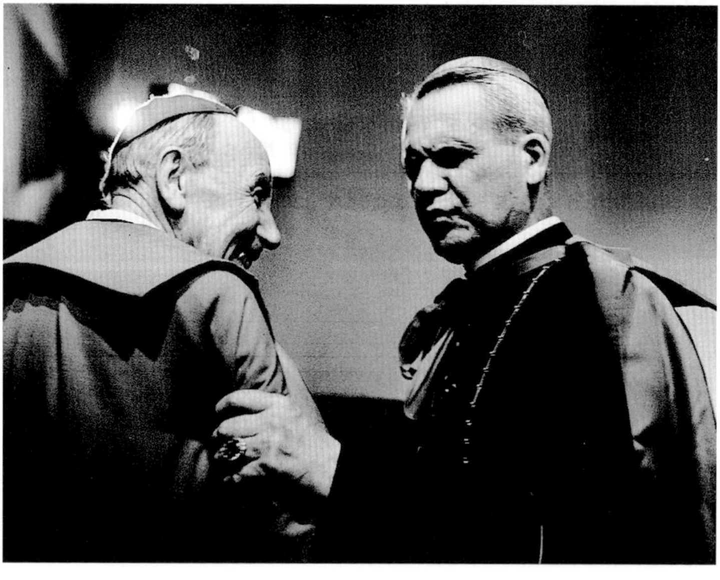

einandergesetzt und dadurch sehr deutlich den gefährlichen Archäologismus zu erkennen gegeben, in dem seit dem Tridentinum die Messliturgie eingeschlossen wurde, so dass man den realen Sinn ihrer einzelnen Teile kaum noch empfand, nicht mehr spürte, dass sie selbst Thronerhebung des Evangeliums, Glaubensbekenntnis, Fürbitte enthält. Dem Betrachter musste unwillkürlich der Gedanke kommen, dass ein Symptom für das Gelingen des Konzils sein würde, inwieweit sich die Schlussliturgie von derjenigen des Eröffnungstages unterschiede. Darf man es von diesem Gesichtspunkt her nicht schon als ein erfreuliches Zeichen werten, dass auf Initiative von Bischöfen hin am 8. Dezember, beim Abschluss der ersten Sitzungsperiode, die Responsorien und die gleichbleibenden Teile der Messe von den Bischöfen und allen Anwesenden gemeinsam gesungen wurden? Dennoch gab es gerade auch in dieser Eröffnungsfeier positive Aspekte. Der eine war die Ansprache des Papstes, die allem bloß negativen Verurteilen eine Absage erteilte und dazu aufforderte, stattdessen die Medizin der Barmherzigkeit anzuwenden; die überdies nicht scholastische Disputationen um Verfeinerungen einzelner Lehren als Ziel des Konzils zulassen wollte, sondern eine grundlegende Erneuerung des Ganzen in lebendiger Auseinandersetzung mit der heutigen Zeit und ihren Nöten verlangte. Vielleicht noch eindrucksvoller aber war eine kleine Geste, die besonders von den Teilnehmern aus den östlichen Kirchen mit Dank verzeichnet wurde: dass der Papst sein Glaubensbekenntnis unterzeichnete „Johannes, Bischof der katholischen Kirche“[2]. Keine Sondertitulatur, schlicht das Amt, das ihn mit seinen Brüdern, den Bischöfen der ganzen Kirche Gottes, verbindet.

Wahl der Kommissionen

Aber als am folgenden Tag die Gedanken und Sorgen sich auf die erste Generalkongregation konzentrierten, zeigte sich die Verlegenheit des Konzils von neuem. Die erste Aufgabe, die die Kirchenversammlung zu bewältigen hatte, bestand in der Wahl der Kommissionen. Aber wie sollte man wählen? Mit einemmal zeigte sich die Bedeutung eines Phänomens, das bisher kaum zum Bewusstsein gekommen war: dass es in der katholischen Kirche zwar die Verbindung eines jeden einzelnen Bischofs mit Rom und so die Sicherung seines Stehens in der Einheit des Katholischen gibt, aber dass die Querverbindungen zwischen den Bischöfen, die doch auch ein wesentliches Element der Katholizität bilden sollten, weitgehend fehlten. Vielfach kannten sich nicht einmal die Bischöfe der einzelnen Länder untereinander, internationale Kontakte gab es nur zufällig und bei Einzelnen. Wie sollte man also wählen, wenn man sich gar nicht kannte? Wie sollte jemand mehr Stimmen als jeweils diejenigen eines bestimmten National-Episkopats auf sich vereinigen können, die in keinem Fall ausreichten, um eine genügende Mehrheit zu ergeben? Die Körperschaft der 2500 Bischöfe schien von vornherein außerstande, gemeinsame Arbeit zu leisten. Nun bot sich den Vätern freilich ein verhältnismäßig einfacher Ausweg an: Man konnte ja die Mitglieder der vorbereitenden Kommissionen, die seinerzeit der Papst ernannt hatte, wiederwählen und sich so alle Überlegung ersparen. Von Seiten der Kurie hatte man wohl auch mit einer solchen Lösung gerechnet. So war es denn die erste Sensation des Konzils, als in der Generalkongregation vom 13. Oktober die Kardinäle Liénart und Frings sich erhoben und eine Verschiebung der für diesen Tag angesetzten Wahl verlangten, um den Bischöfen erst Gelegenheit zu geben, sich kennenzulernen, und ihnen so eine Wahl überhaupt erst zu ermöglichen. Dass dieser Vorschlag trotz des amtlichen Beifallsverbotes vom Plenum mit lebhaftem Beifall bedacht wurde, war Ausdruck einer Entscheidung von großer Tragweite, die in diesem Augenblick fiel: Das Konzil war entschlossen, selbständig zu handeln und sich nicht zum Vollstreckungsorgan der vorbereitenden Kommissionen zu degradieren.

Auf diese Weise entstand aus der anfänglichen Verlegenheit etwas höchst Positives: In den folgenden Tagen setzten intensive Kontakte zwischen den verschiedenen Bischofskonferenzen ein, aus denen eine Reihe von Vorschlagslisten hervorgingen, unter denen die von der mitteleuropäischen Gruppe ausgearbeitete sich durch die stärkste Internationalität auszeichnete und so auch die meisten Stimmen schließlich auf sich vereinigen konnte. Aus der Not der Stunde war damit etwas Neues und wahrhaft Notwendiges wiedererwachsen: jene horizontale Katholizität der Querverbindungen zwischen denen, die sich katholisch nennen, die Y. Congar als das eine notwendige Wesenselement neben der vertikalen Linie der gemeinsamen Verbundenheit mit dem Zentrum herausgestellt hat und die, wie der Konzilsanfang zeigte, im faktischen Lebensvollzug der Kirche weitgehend verlorengegangen war.[3]

Noch eine zweite Entscheidung war, wie schon angedeutet, mit diesem scheinbar rein technischen Beschluss gefallen: Das Konzil hatte sich weit davon entfernt, eine Art von bloßer Kundgebung zu werden, sondern hatte entschlossen jene Funktion aufgenommen, die ihm das kanonische Recht (Can. 228) zuweist, nämlich oberste Gewalt über die ganze Kirche auszuüben. Ja, noch ein dritter Sachverhalt muss als Ergebnis dieser ersten Konzilsentscheidung angesehen werden: Die Kurie hatte in dem selbständig handelnden und entscheidenden Episkopat ein Gegenüber, einen Gesprächspartner erhalten. Bisher hatte es so scheinen können, als ob die römischen Zentralbehörden die einzig wirklich formgebende und aktive Instanz der Kirche wären, neben der praktisch nur noch eine Art von unmaßgeblicher Außenseiterschaft existieren könne. Nun zeigte sich, dass neben diesen dem päpstlichen Amt zugeordneten Organen der Episkopat eine Realität eigenen Gewichts in der Weltkirche ist, der eigene geistliche Erfahrungen in das Gespräch und in das Leben der Weltkirche einträgt. Es ist klar, dass eine solche Wirklichkeit sich nicht gleichsam über Nacht bilden konnte, sondern dass hier nur eine geistliche Kraft sich offen manifestierte, die längst Wirklichkeit war. Was in den vergangenen Jahrzehnten im brüderlichen Gespräch mit den getrennten christlichen Brüdern, im Ringen mit der atheistischen Welt und in der eigenen geistlichen Erweckung der Kirche von Land zu Land geschehen war, das wurde in diesem Augenblick gesammelt wirkende Kraft. Stärker als je zuvor konnte man spüren, dass Begegnungen und Geschehnisse, die äußerlich ohne organisatorischen Effekt bleiben und die man daher mitunter resigniert als nutzlos betrachten möchte, in der Tiefe gewirkt hatten und zu einem Faktor im Leben der Kirche geworden waren. Neben der Anbahnung einer lebendigen horizontalen Katholizität darf man wohl die Wiederherstellung einer fruchtbaren Spannung zwischen Peripherie und Zentrum, zwischen der lebendigen Vielheit des Katholischen, die der Episkopat vertritt, und der Einheit, die zu hüten Sache des Primats ist, als eine Frucht dieser ersten Grundentscheidung des Konzils werten. Und man darf hinzufügen, dass die Spannung zwischen den beiden Elementen durchaus nicht, wie es manchen verwunderten Beobachtern erscheinen mochte, eine Panne, ein peinlicher Zwischenfall ist, sondern dass die Spannung und die gegenseitige Befruchtung von Vielheit und Einheit zum lebendigen Selbstvollzug der Kirche gehört, wie denn alles Lebendige der Spannung bedarf.

Hier drängt sich zugleich schon im Vorgriff auf die inhaltlichen Auseinandersetzungen, um die es im Folgenden ging, die Zwischenfrage auf, welche Gruppen von Bischöfen vor allem jene neue Dynamik des Episkopats getragen haben, von der eben die Rede war. Man kann zunächst rein äußerlich drei Gruppen nennen: den mitteleuropäischen (Deutschland, Frankreich, Holland, Belgien) Episkopat, die Südamerikaner und die Missionsbischöfe. Stärker zurückhaltend blieb zunächst die angelsächsische Gruppe (England, Irland, USA), während der spanische Episkopat zusehends eine spürbare Offenheit für die neuen Fragen an den Tag legte. Am stärksten in Reserve hielt sich der italienische Episkopat, der sich noch kaum als selbständige Größe verstehen gelernt hatte, sondern von seinen geschichtlichen Überlieferungen her weitgehend im unmittelbaren Zusammenhang mit den Kurialbehörden sich verstand.[4] Schon die mehr äußere Umgrenzung der Gruppierungen, die da mit angegeben ist, lässt erkennen, dass die verschiedenen

Stellungnahmen nur zum geringsten Teil von nationalen Überlieferungen her erklärt werden können. Die tatsächliche Einstellung war einerseits vom geschichtlich Gewordenen her geprägt, zum anderen darf man wohl sagen, dass die unterschiedliche Begegnung mit den geistigen Nöten der Gegenwart das ihrige tat: Die stärksten Initiativen kamen von jenen Bischöfen, die in konfessionell gemischten Ländern, also notwendigerweise in der Begegnung mit den Problemen der getrennten Christenheit leben, sowie von jenen, die, unmittelbar mit dem modernen Atheismus konfrontiert, ganz neu zur Antwort des Glaubens sich herausgefordert sehen.
Man liest nicht zu viel aus dem Ereignis des Anfangstages heraus, wenn man ihm noch ein viertes Ergebnis entnimmt: Schon in der Entscheidung dieses Tages wurde das spürbare Wirklichkeit, was der Papst bald darauf die „heilige Freiheit des Konzils" nannte. Das Klima des Konzils war von vornherein durch die großzügige Haltung Johannes' XXIII. geprägt, der sich darin merklich von dem Konzilspapst des Ersten Vaticanums unterschied. Ohne viel Worte drückte die Persönlichkeit des Papstes eine Ermutigung zur Offenheit und zum Freimut aus. Es wird noch eingehend darüber zu reden sein, dass auf diese Weise die seit der Jahrhundertwende immer von neuem spürbare und immer von neuem hemmende Neurose des Antimodernismus ihrer Überwindung entgegenzugehen scheint und ein neues Bewusstsein sich ausprägt, wie man in der Kirche in brüderlicher Offenheit, ohne den Gehorsam des Glaubens zu verletzen, miteinander sprechen kann. Das Ergebnis der Wahlen bestätigte die oben genannten Symptome: Jene Bischöfe, von denen man eine Fortführung des Impulses der ersten Generalkongregation erwarten durfte, erhielten bei weitem die größten Mehrheiten. Insofern hatte das Konzil in diesen ersten Tagen bereits seine Richtung grundsätzlich bestimmt, jene Richtung nämlich, die im Verlauf der folgenden Sitzungen etwas missverständlich immer wieder pastoral und ökumenisch genannt wurde. Was damit näherhin gesagt sein sollte, wird sich im Folgenden noch verdeutlichen.

Die Beratung über das Liturgie-Schema[5]

Die Botschaft der Konzilsväter an die Menschheit, die am 20. Oktober erlassen wurde, stellte nicht eigentlich einen Akt des Konzils als solchen dar, sondern einfach ein gemeinsames Wort der aus aller Welt versammelten Bischöfe an die Gläubigen allerorten und an die Menschheit insgesamt. Die eigentliche Arbeit des Konzils begann mit der Behandlung des Schemas über die heilige Liturgie am Montag, dem 21. Oktober. Aus den insgesamt ca. 70 vorbereiteten Schemata waren den Vätern wenige Wochen vor Konzilsbeginn sieben gedruckt vorgelegt worden mit folgenden Titeln:

- Von den Quellen der Offenbarung
- Von der Reinhaltung des Glaubensgutes
- Über die Moral
- Ehe und Jungfräulichkeit
- Von der heiligen Liturgie
- Über die modernen Nachrichtenmittel
- Von der Einheit der Kirche.

Es war klar, dass sich an den ersten vier Entwürfen, die von der theologischen Kommission unter Vorsitz von Kardinal Ottaviani erarbeitet worden waren, schwerwiegende Gegensätze entzünden mussten, und dass die beiden letzten nicht vollends ausgereift waren. Aus diesem Grunde war in den Stellungnahmen, um die die Väter vor der Eröffnung des Konzils gebeten worden waren, vielfach der Wunsch geäußert worden, mit der Beratung über die Liturgiereform zu beginnen. Das Präsidium, dem es obliegt, die Tagesordnung zu bestimmen, kam diesem Vorschlag nach und hat damit, wie sich bald zeigen sollte, eine sehr glückliche Entscheidung gefällt. Denn dieser wohlabgewogene und zugleich mutige Text gestattete es dem Konzil, mit einer zukunftweisenden positiven Arbeit zu beginnen, die Optimismus gab und die den vorwärtsdrängenden Kräften erlaubte, sich zunächst in einem positiven Anliegen zu treffen. Es wäre viel schwerer gewesen, die Geister in der Kritik zu sammeln.

Hier konnte Aufbauarbeit geleistet werden, die vorwärts führte, die die Zögernden mitriss, weil der Entwurf ihnen zeigte, dass es nicht um Zerstörung und Kritik, sondern um die größere Fülle geht, weil er Antwort bot auf die Fragen, die gerade die Bischöfe aus den Missionen längst bewegten. Bei der Beratung dieses Textes, der einerseits ausgereift genug war, um eine vollkommene Gesprächsbasis zu bilden und andererseits offen genug, um Fragen Raum zu geben, konnte das Konzil seine Mentalität ausprägen, es konnte sich selbst geistig finden und konnte vor allem auch seine technische Form erproben.

Gerade Letzteres war ein großes Problem. Schieben wir hier ein, dass insgesamt 2900 Bischöfe, Weihbischöfe, Abtpräsides und Generalobere von Orden zur Teilnahme am Konzil berechtigt waren. 2540 davon waren zur Eröffnungssitzung erschienen, die Zahl sank im Laufe der Zeit freilich auf ca. 2000-200 ab, blieb aber damit für eine beratende Körperschaft immer noch erdrückend groß. Nimmt man hinzu, dass die Versammelten meist über keinerlei parlamentarische oder synodale Erfahrung verfügten und, wie schon gesagt, eben erst im Begriff waren, sich gegenseitig kennenzulernen, so wird das ganze Ausmaß der Schwierigkeit deutlich, vor die sich diese Versammlung gestellt sah. Es war einfach nicht vorstellbar, wie eine solche riesige Körperschaft fruchtbare Arbeit sollte leisten können. Die Regelung der Konzilsordnung, die jedem einzelnen Redner nur zehn Minuten Sprechzeit erlaubte und überdies vorherige schriftliche Wortmeldung verlangte, reichte offenbar nicht aus, um dieses Dilemma zu steuern. Verschiedene Vorschläge wurden laut: Man solle ein Auswahlkonzil bilden, das proportional der Stärke der Länderepiskopate aufgebaut und dessen Delegierte von diesen Episkopaten gewählt werden müssten; ein anderer Vorschlag war der, Fraktionen zu bilden. Keiner der beiden Gedankengänge konnte sich durchsetzen, und rückschauend darf man sagen, dass das Konzil dabei gut beraten war. Gerade die wirkliche, wenn auch ein wenig mühselige Katholizität dieser Versammlung war das kirchengeschichtlich so Entscheidende an ihr, das man nicht durch eine noch so überlegte Reduktion in Frage stellen durfte. Dass man keine Fraktionen bildete, zeigte die Verantwortung gegenüber der Wahrheit, die gespürt wurde. Die Aufgabe eines Konzils lässt es einfach nicht zu, den Einzelnen unter eine Fraktion zu subsumieren. Jeder kann hier nur seinem Gewissen und seiner theologischen Kenntnis verantwortlich sein; überdies

Die Kardinäle Léger und Döpfner

Max Thurian und Frère Roger aus Taizé

hätte die Fraktionsbildung die Gefahr des Zerfalls in nationale Gruppierungen mit eingeschlossen. Der einzig mögliche Weg, der sich im Verlauf der Liturgiedebatte auch immer deutlicher herausstellte, später freilich wieder zurücktrat, ist die fallweise Gruppenbildung, in der die jeweils sich zu einer Erkenntnis Zusammenfindenden gemeinsam ihre Sache vertreten lassen und auf diese Weise der unerlässlichen Konzentration der Arbeit dienen. Eine weitere Erleichterung brachte jene Ergänzung der Konzilsverfassung, die es dem Präsidium gestattete, das Ende der Debatte zu beantragen und so uferlosen Gesprächen zum selben Thema ein Ende zu setzen.

Kehren wir zurück. Die Entscheidung für den Vorrang des Liturgieschemas war nicht nur von technischen Gesichtspunkten her richtig. Ihre Bedeutung führt weit tiefer: Sie war ein Bekenntnis zu dem, was die wahre Mitte der Kirche ist: jene allzeit neue Vermählung der Kirche mit ihrem Herrn, die sich im eucharistischen Geheimnis vollzieht und in der diese Kirche in der Teilhabe am Opfer Jesu Christi ihre innerste Sendung erfüllt: die Anbetung des dreieinigen Gottes. Über alle vordergründigen und vordergründig vielleicht wichtiger erscheinenden Nöte hinweg vollzog sich hier ein Bekenntnis des Glaubens zu dem, was der wahre Lebensquell der Kirche und so der eigentliche Ausgangspunkt aller Erneuerung ist. Indem der Text sich nicht mit einzelnen rubrizistischen Veränderungen genug sein ließ, sondern von dieser Tiefe her entworfen war, schloss er zugleich eine ganze Ekklesiologie mit ein und stellte damit einen schwer zu überschätzenden Vorgriff auf das vermutliche Hauptthema des ganzen Konzils, auf die Lehre von der Kirche dar, die auf diese Weise von der „hierarchologischen“ (Congar) Verengung der letzten Jahrhunderte gelöst und auf ihren sakramentalen Ausgangspunkt zurückbezogen wurde.

Schließlich muss auch noch gesagt werden, dass in dieser Sache das Konzil ernten konnte, was in dem Ringen der letzten Jahrzehnte in der Kirche gereift war: Die Fruchtbarkeit eines

Blick in die Konzilsaula

am Anfang oft genug verkannten mühseligen Ringens wurde in diesen Tagen sichtbar.
Von den Details der Liturgiereform kann und braucht hier nicht gesprochen zu werden; es sei lediglich versucht, ein paar Grundtendenzen herauszustellen, die den Text in seiner Ganzheit prägen.
a) Als Erstes darf man hier von einer Rückkehr zu den Ursprüngen und von einem Abbau der vielfältigen geschichtlichen Überlagerungen sprechen, die den Kern des eigentlich Gemeinten oft genug weitgehend überdecken. Das bedeutet z. B. den Primat des auf das Osterfest hin ausgerichteten Sonntags über die Heiligenfeste, des Mysteriums über die Andacht, der einfachen Struktur über die gewucherten Formen. Das wird sich vor allen Dingen auf die Gestaltung der Messfeier auswirken. Jene rituelle Erstarrung, in der, wie unsere Erwägung zur Eröffnungsliturgie bewusst zu machen suchte, der Sinn des einzelnen Vorgangs oft kaum noch erfasst wurde, gilt es aufzulösen, den Wortgottesdienst wieder als Verkündigung des den Menschen meinenden, ihn anrufenden Gotteswortes herzustellen, den dialogischen Charakter der ganzen liturgischen Feier, ihr Wesen als gemeinsamen Dienst des Gottesvolkes wieder deutlich zum Tragen zu bringen. Eine Reduzierung der Privatmesse und eine verstärkte Aufforderung zur gemeinsamen Feier der Liturgie ergibt sich daraus von selbst; sie drückt sich im Text u. a. in dem lapidaren Sätzchen aus: „Die Messfeier in Gemeinschaft ist vorzuziehen." Daraus ergab sich der Versuch, erweiterte Möglichkeiten für die Konzelebration zu schaffen, mit innerer Notwendigkeit. Um seine präzise Formulierung wird freilich vermutlich noch einmal gerungen werden müssen. Mit dem Gesagten sind zwei weitere Tendenzen bereits angedeutet:
b) Es wird auf jeden Fall zu einer stärkeren Hervorhebung des Wortes als einer eigenberechtigten Größe neben dem Sakrament kommen. Der Text sagt darüber u. a. dieses: „Auf dass den Gläubigen mit dem eucharistischen Tisch auch der Tisch des Wortes Gottes reich gedeckt werde, sollen die biblischen Schätze weit

geöffnet werden, so dass im Ablauf mehrerer Jahre der wesentlichere Teil der Heiligen Schrift den Gläubigen vorgelesen wird. Die Homilie, die ein Teil der Liturgie selbst ist, wird nachdrücklich empfohlen, vor allem an den gebotenen Sonn- und Festtagen." Man darf also eine neue Perikopenordnung erwarten, die die Schätze der Heiligen Schrift stärker als bisher liturgisch zugänglich macht.
c) Ein besonderes Anliegen der Liturgiereform ist, wie schon angedeutet, die aktive Beteiligung der Laien bzw. die Einbeziehung der ganzen Tischgemeinschaft Gottes in den heiligen Vollzug. Ein Symptom, an dem sich wohl besonders deutlich der Umfang dieses Bemühens zeigt, ist der in der Öffentlichkeit vielbeachtete Vorschlag, die Kommunion unter beiden Gestalten für bestimmte Fälle allen Gläubigen zu ermöglichen.
d) Ein besonders wichtiger Vorgang ist die Dezentralisierung der liturgischen Gesetzgebung. Das erste Kapitel des Liturgieschemas enthält in seiner endgültigen und von der Vollversammlung bereits angenommenen Form eine Bestimmung, die für die lateinische Kirche eine grundlegende Neuerung bedeutet. Den Bischofskonferenzen wird innerhalb gewisser Schranken liturgische Gesetzgebung für ihr Land zugewiesen, und zwar nicht im Sinne einer Delegation von an sich päpstlichem Recht, sondern als eine ihnen selbst eignende Vollmacht. Diese Bestimmung ermöglicht es der Liturgie wieder jene Katholizität zu geben, welche die Kirchenväter in dem Bild des Psalms 44 von der Braut mit dem buntfarbenen Gewand angedeutet sahen; sie ermöglicht es, wieder die ganze Fülle dessen, was in der Kirche lebendig ist, in die Liturgie einzutragen. Zugleich aber kommt ihr eminente ekklesiologische Bedeutung bei. Man muss bedenken, dass die Bischofskonferenzen vom Standpunkt des kanonischen Rechts aus bisher nicht existierten. Sie besaßen keinerlei gesetzgebende Vollmacht, sondern waren Zusammenkünfte rein beratender Art. Indem sie nun vom Recht mit einer bestimmten gesetzgeberischen Funktion bedacht werden, treten sie als ein neues Element in der kirchlichen Verfassung in Erscheinung und bilden ein Zwischenglied

quasi-synodaler Art zwischen dem Einzelbischof und dem Papst. Auf diese Weise ist in den Aufbau der Kirche ein synodalartiges Element als beständige Größe eingetragen und damit dem Kollegium der Bischöfe eine neue Funktion zugewachsen. Insofern darf man vielleicht sagen, dass dieser kleine Paragraph, der die Bischofskonferenzen als kanonische Größe erstmalig setzt, für die Theologie des Episkopats und für die allseits gewünschte Stärkung der bischöflichen Gewalt am Ende mehr bedeuten wird als das, was das eigentliche Schema über die Kirche an lehrhaften Aussagen darüber bringen kann. Denn hier ist eine Tatsache gesetzt, und das Gewicht des Tatsächlichen wiegt in diesem Falle, wie die Geschichte lehrt, schwerer als bloße Doktrinen. Ohne großen Lärm und von der Öffentlichkeit kaum bemerkt, hat auf diese Weise das Konzil ein grundlegendes Stück in der Erneuerung der Ekklesiologie bereits geschaffen.

e) Den breitesten Raum in der Diskussion nahm seltsamerweise der Streit um die Sprache der Liturgie ein. Wenn man freilich bedenkt, dass die Konstitution „Veterum sapientia" kurz vorher noch eine gewichtige Vorentscheidung zugunsten des Lateinischen gebracht hatte, kann man wohl bereits deutlich spüren, wie hart hier die Fronten waren, wie schwer das Gewicht einer Überlieferung von mehr als eineinhalbtausend Jahren wiegt. Der Diskussion fehlte es nicht an pittoresken Zügen. Es kam nicht selten vor, dass glühende Lobreden auf das Lateinische in mühsamem Küchenlatein vorgetragen wurden, während die nachdrücklichsten Befürworter der Muttersprache sich in klassischem Latein auszudrücken vermochten. Am sonderbarsten mutete wohl der Vorschlag von Kardinal Spellman an, der für die Messliturgie keine Konzession an die Muttersprache dulden wollte, dagegen den Wunsch äußerte, die Priester möchten ihr Brevier in der Muttersprache beten dürfen. Dass die Diskussion aber auch in wirkliche Tiefen führen konnte, mag ein Zitat aus der Rede des melchitischen Patriarchen Maximos zeigen: „Es scheint mir, dass der fast absolute Wert, den man der lateinischen Sprache in der Liturgie, im Unterricht und in der Verwaltung der lateinischen Kirche geben will, für die Ostkirche etwas völlig Anormales darstellt; denn schließlich hat Christus selbst die Sprache seiner Zeitgenossen gesprochen. Er hat auch in der Sprache, die allen seinen Zuhörern verständlich war, nämlich der aramäischen, das erste eucharistische Opfer dargebracht. Die Apostel und die Jünger haben es ebenso gehalten. Es wäre ihnen nie der Gedanke gekommen, dass in einer christlichen Versammlung der Zelebrant die Perikopen der Heiligen Schrift läse, die Psalmen sänge, predigte oder das Brot bräche und dabei eine andere Sprache gebrauche als die der versammelten Gemeinde selbst. Der heilige Paulus sagt es uns sogar ausdrücklich: ‚Wenn du nur mit dem Geist ein Lobgebet verrichtest (d. h. in einer unverständlichen Sprache), wie soll da einer, der als Unkundiger zugegen ist, zu deiner Danksagung das Amen sagen? Er versteht ja nicht, was du sagst. Du magst ein gutes Dankgebet sprechen, aber der andere wird nicht erbaut ... In der Gemeinde will ich lieber fünf Worte mit meinem Verstand reden, um auch andere zu unterweisen, als zehntausend Worte in Zungen (= unverständlich)' (1 Kor 14, 16-19). Alle Gründe, die man zugunsten eines unberührbaren Lateins – einer liturgischen, aber toten Sprache – anführt, müssen doch vor dieser klaren, eindeutigen und präzisen Gedankenführung des Apostels weichen ... Die lateinische Sprache ist tot; aber die Kirche bleibt lebendig. Auch die Sprache, das Mittel der Gnade und des Heiligen Geistes, muss eine lebendige Sprache sein, denn sie ist für die Menschen und nicht für die Engel: Es gibt keine Sprache, die unberührbar sein darf ...“[6]

Nur wer ermisst, wie tief die Bedeutung der Sprache in den menschlichen Dingen geht, wie wenig Sprache bloß oberflächlicher und zufälliger Ausdruck, sondern vielmehr Inkarnation des Geistes ist, der als menschlicher nur sprechend denkt und in und von der Sprache lebt, kann das Ausmaß des Umbruchs ermessen, der sich hier anbahnt. Insofern war die Härte und Ausführlichkeit, mit der hier gerungen wurde, im Letzten doch sachgerecht: Die Entscheidung über die Sprache ist eine Entscheidung voll großem Tiefgang, die in den Einzelheiten aus diesem Grunde sicher mit Behutsamkeit und Takt vollzogen werden muss, aber dann auch für eine neue Begegnung von christlichem und modernem Geist einen wesentlichen Dienst zu leisten vermögen wird. Man wird kaum leugnen können, dass die Sterilität, zu der die katholische Theologie und Philosophie seit dem Ende der Aufklärung vielfach verurteilt war, nicht zuletzt von der Bindung an eine Sprache herrührte, in der sich die lebendigen Entscheidungen des menschlichen Geistes nicht mehr zutrugen. So wurde die Theologie an diesen Entscheidungen vorbeigedacht, von ihnen nicht befruchtet und blieb ihrerseits unfähig, sie zu verwandeln.

Das eben angeführte Wort des Patriarchen Maximos mag noch mal zu einer kleinen Abschweifung über den Aufbau des Konzils als solchen Anlass geben. Es lenkt unsere Augen noch einmal auf die Vollversammlung, die sich Tag für Tag in St. Peter traf. Neben den schon genannten lateinischen Bischöfen aus aller Welt gehörten ihr die Vertreter der verschiedenen unierten Ostkirchen an. Man hat in der Geschichte viel über Recht oder Unrecht der unierten Kirchen gestritten, mitunter und nicht ohne beachtliche Gründe gesagt, dass sie in ihrer tatsächlichen Auswirkung mehr Riegel als Brücke zur Orthodoxie hin seien. Wie dem auch sei, auf dem Zweiten Vatikanischen Konzil erwies sich die Zugehörigkeit ostkirchlicher Riten zur katholischen Kirche als äußerst bedeutsam und positiv: In ihnen war eben doch der Osten anwesend, wortberechtigt, stimmberechtigt und so ein inneres Korrektiv zu jeder lateinischen Exklusivität, das immer wieder die Grenzen eines verengten lateinischen Horizontes sprengte und die Versammlung zwang, nicht lateinisch, sondern katholisch zu denken, die verhängnisvolle Verwechslung von lateinisch und katholisch zu vermeiden.

Neben den eigentlichen Konzilsvätern gab es in der Aula zwei stumme, aber deshalb nicht weniger wirksame Gruppen: die ca.

200 vom Papst ernannten Sachverständigen und die Beobachter der nichtkatholischen Christenheit. Der Letzteren Anwesenheit bedeutete wiederum ein neues und in hohem Maße fruchtbares Element. Ohne zu sprechen, schufen sie Atmosphäre, niemand konnte bei seinem Reden an ihrem Dabeisein vorbeisehen. Das gab dem Wort eines jeden eine ganz besondere ökumenische Verantwortung; die Not und der Anruf, die in der Trennung der Christenheit liegen, waren jederzeit in der Konzilsaula gegenwärtig und prägten das ganze Mühen der Versammlung mit. Es braucht kaum gesagt zu werden, was es umgekehrt für uns bedeuten muss, dass Vertreter von Kirchen, die oft genug mit Vorurteilen und Misstrauen der katholischen Christenheit gegenüberstanden, hier die katholische Kirche unmittelbar erlebten, die Lebendigkeit und den Freimut des Glaubensgeistes, der in ihr wirksam ist, erfahren konnten. Die liturgische Debatte, die sich nach Ansicht vieler allzu lange hingezogen hatte, schloss am 14. November 1962 mit einer Abstimmung über die grundsätzliche Annahme des Schemas unter Vorbehalt der durch die Kommission noch zu leistenden Änderungen. Es wurde mit der selbst von Optimisten nicht erwarteten Zahl von 2162 gegen 46 bei sieben ungültigen Stimmen angenommen, eine zukunftsweisende Entscheidung, die zugleich in ermutigender Weise zeigte, dass die Kräfte der Erneuerung stärker sind als irgendjemand gewagt hatte zu hoffen.

Die Debatte über das Offenbarungsschema

Eine viel schwierigere Situation entstand für das Konzil, als am selben Tag das Schema über die „Quellen der Offenbarung“ zur Beratung vorgelegt wurde. Der Text war, wenn man ein Etikett wagen darf, ganz und gar bestimmt von der antimodernistischen Geistesart, die sich um die Jahrhundertwende ausgeprägt hatte, also von einem „Anti“, von einer Negation, die neben dem großen positiven Aufbruch des Liturgieschemas frostig, ja schockierend wirken musste, obwohl das, was gesagt wurde, niemandem neu sein konnte: Es steht genauso in Dutzenden von

Lehrbüchern zu lesen, sicherlich auch in denjenigen, aus denen ein nicht unbedeutender Teil der Bischöfe gelernt hatte, die ja vielfach jene Professoren zu Lehrern hatten, von denen der Text maßgebend gestaltet worden war. Um die geistige Haltung, die sich in solchen Texten ausdrückt, zu verstehen, muss man die Kampfsituation der Kirche in den letzten hundert Jahren im Auge haben. Sie prägt sich erstmals deutlich aus im Syllabus Pius' IX. (1864), in dem sich die Kirche entschieden, kompromisslos und so – bei aller geschichtlichen Notwendigkeit dieser Entscheidung — ohne Zweifel auch einseitig von den immer deutlicher hervortretenden Irrwegen des modernen Geistes abgrenzt. Sie findet ihren Höhepunkt in den Kampfmaßnahmen Pius' X. gegen den Modernismus (Dekret Lamentabili und Enzyklika Pascendi 1907; Antimodernisteneid 1910). In diesen Jahren vollzog sich eine erbitterte Auseinandersetzung, die in so tragischen Gestalten wie Loisy und Turmel ihren Ausdruck fand, in Männern, die, obgleich innerlich glaubenslos geworden, äußerlich Katholiken blieben in der Meinung, auf ihre Weise die Kirche reformieren und modernisieren zu müssen.[7]

Blick in die Konzilsaula

An solchen Gestalten und dem tragischen Zwiespalt, der sie zeichnet, wird die tödliche Gefahr erkennbar, die den Katholizismus in der Zeit der ersten Ausprägung des modernen Geistes bedrohte; von ihnen her wird die kompromisslose Kampfhaltung verständlich, mit der Pius X. gegen das Neue vorging, das sich allenthalben regte, dabei sicher oft auch Weizen mit Spreu ausrodend; von hier aus wird auch jene geheime Angst und jenes Misstrauen gegenüber den Äußerungen historischen und modernen philosophischen Denkens in der Theologie begreiflich, das seitdem noch nicht gebannt werden konnte. Als letztes Wetterleuchten der antimodernistischen Krise ist endlich die Enzyklika Humani generis Pius' XII. (1950) zu nennen, die noch einmal die Linie aufgriff, welche durch die Namen Pius' IX. und Pius' X. markiert ist.

Die Schemata der theologischen Kommission, deren erstes den Vätern nunmehr zur Bearbeitung vorlag, atmeten denselben Geist. Die Verkrampfung des einstmals sicher nötig gewesenen Abwehrkampfes hatte sie geprägt und gestaltete sie wesentlich zu einer Theologie der Negationen und der Verbote, die in sich weitgehend richtig sein mochte, aber den positiven Aufbruch, den man vom Konzil erhoffen musste, sicherlich nicht bringen konnte. Immerhin: Nichts von alledem konnte an sich den Bischöfen fremd oder überraschend sein. Wer wusste, aus welcher Schule viele von ihnen kamen, welche Kämpfe sie oder ihre Vorgänger durchgefochten hatten, musste erwarten, sie würden in dem Text sich selbst wiedererkennen. Vielleicht wäre das am Anfang des Konzils auch so gewesen. Aber alles, was geschehen war, hatte die Situation grundlegend verändert. Die Bischöfe waren nicht mehr dieselben wie vor der Eröffnung des Konzils. Zum ersten hatten sie sich als Episkopat, als eine eigene Größe mit eigener gemeinsamer Verantwortung entdeckt; zum anderen war mit dem Liturgieschema an Stelle des alten „Anti", der Negation, eine neue positive Möglichkeit vor ihnen aufgetaucht, die Möglichkeit, aus der Defensive herauszukommen und christlich offensiv zu werden, positiv zu denken und zu handeln. Und dieser Funke hatte gezündet. Das anfangs schon erwähnte Wort des Papstes in der Eröffnungsansprache, die Kirche habe jetzt nicht zu verurteilen, sondern die Medizin des Erbarmens auszuteilen, das Konzil habe nicht Negationen auszusprechen, sondern den Glauben positiv neu darzustellen, des Weiteren seine ausdrückliche Anweisung, das Konzil müsse sich des Anathems enthalten – all das, was man vorher als einen Ausdruck seines persönlichen Temperaments betrachtet hatte, mit dem viele nichts Rechtes anzufangen wussten, gewann jetzt Sinn, wurde verständlich und bedeutsam. So konnte es geschehen, dass ohne Verabredung die Kardinäle Liénart, Frings, Léger, König, Alfrink, Suenens, Ritter und Bea, jeder von seiner Sicht her, eine unerhört scharfe Kritik an dem Schema übten, mit der seine Urheber so wenig gerechnet hatten wie seine Gegner.

Um was ging es eigentlich? Sicher stand eine Reihe von ernsten theologischen Fragen zur Debatte, so das Verhältnis von Schrift und Überlieferung und damit die Art und Weise, wie der Glaube geschichtlich gebunden ist; das Verständnis der Inspiration und der Historizität des in der Heiligen Schrift Berichteten: Das ganze Problem, das die historische Wissenschaft von heute stellt und das im Modernismus mehr verschoben als gelöst war, stand erneut zur Debatte. Über diese inhaltlichen Fragen der Glaubensauslegung hinaus, die hier im Einzelnen nicht entfaltet werden können, ging es aber zugleich auch immer um eine geistige Grundhaltung und nicht so sehr um einen Streit zwischen gegensätzlichen Theorien. Die eigentliche Frage, die im Hintergrund der Diskussion stand, könnte man wohl so formulieren: Soll die antimodernistische Geisteshaltung, die Linie der Abschließung, der Verurteilung, der Defensive bis zur fast ängstlichen Ablehnung hin fortgesetzt werden oder will die Kirche, nachdem die nötige Abgrenzung besorgt ist, ein neues Blatt aufschlagen und in eine neue, positive Begegnung mit ihren Ursprüngen, mit ihren Brüdern, mit der Welt von heute treten. Dadurch, dass sich eine

so deutliche Mehrheit des Konzils für die zweite Alternative entschied, ist dieses Konzil zu einem neuen Anfang geworden. Es ist damit auch über den Rang einer Fortsetzung des Ersten Vatikanischen Konzils hinausgewachsen; denn Trient und Vaticanum I dienten der abschließenden Bewegung, der Sicherung und der Begrenzung, das gegenwärtige Konzil hat sich auf dem Boden des dort Geleisteten einer neuen Aufgabe zugewandt.
Von dieser Grundentscheidung her, die fortwährend im Hintergrund des Ganzen stand, sind auch die beiden Hauptargumente zu verstehen, die immer wieder zu hören waren und sich auf die Intentionen des Papstes berufen konnten und beriefen: das Argument, die Texte müssten pastoral und ihre Theologie müsse ökumenisch sein. Zugegeben, man kann mit beiden Argumenten, die die Hauptwaffen der vorwärts drängenden Kräfte lieferten, Missbrauch treiben, sie können unsachlich sein. Zugegeben auch, dass sie missverständlich und mehrdeutig sind. Ihre Sachlichkeit, die sie unter den gegebenen Umständen besaßen und ihr eindeutiger Sinn dürfte aus dem bisher Gesagten indes deutlich geworden sein. „Pastoral" – das sollte nicht heißen: verschwommen, substanzlos, bloß erbaulich, wie es da und dort missverstanden wurde. Sondern es sollte heißen: in der positiven Sorge um den heutigen Menschen formuliert, dem mit Verurteilungen nicht geholfen ist, der lange genug gehört hat, was alles falsch ist und was alles er nicht darf, der aber endlich hören will und viel zu wenig gehört hat, was wahr ist, mit welcher positiven Botschaft der Glaube unserer Zeit gegenübertreten kann, was er positiv ihr zu lehren und zu sagen hat. „Pastoral" sollte nicht heißen: verwaschen und unpräzis, sondern es sollte heißen: frei von Schulgezänk, ohne Einmischung in Fragen, die nur die Gelehrten angehen, ohne weitere Beschneidung der Diskussionsmöglichkeit unter ihnen in einem Zeitpunkt, in dem alles voller neuer Aufgaben ist und eine offene Auseinandersetzung von ihnen verlangt. „Pastoral" sollte endlich heißen: ohne die Sprache der Schule (die dort, nämlich in der Schule ihren Sinn

hat und notwendig ist, aber nicht in die Verkündigung und ins Glaubensbekenntnis hineingehört), in der Sprache der Schrift, der Väter, des Menschen von heute, einfach in der lebendigen Sprache des allzeit einen Menschen.

Und „ökumenisch" sollte nicht heißen: Verschweigen von Wahrheiten, um die anderen nicht zu verstimmen. Was wahr ist, muss offen gesagt werden, ohne Verbergen; die volle Wahrheit ist ein Teil der vollen Liebe. „Ökumenisch" sollte vielmehr heißen: dass man aufhört, die anderen bloß als Gegner zu sehen, gegen die man sich verteidigt (nachdem wiederum die Abgrenzung lange und gründlich genug geschehen ist); dass man versucht, sie als Brüder zu erkennen, mit denen man spricht und von denen es auch zu lernen gibt. „Ökumenisch" sollte heißen: dass man auf die Wahrheit achtet, die der andere hat, auf die ernsthaften christlichen Anliegen, die er selbst da vertreten kann, wo er von uns getrennt ist oder irrt. Und „ökumenisch" sollte heißen: das Ganze einbeziehend; nicht bloß jenen Teilaspekt sagen, der im Augenblick nach einer Verurteilung oder Korrektur ruft, sondern die innere Ganzheit des Glaubens hinstellen und so dem getrennten Bruder bewusst machen, dass alles wahrhaft Christliche im Katholischen eingeborgen ist. Man sollte wieder mehr bedenken, dass die beiden Wörter „ökumenisch" und „katholisch" von ihrem Ursprung her dasselbe sagen, dass Katholischsein also bedeutet, sich nicht in Sondertraditionen zu verspinnen, sondern der ganzen Fülle des Christlichen offenstehen. Gerade das Letztere zeigte sich als ein Anliegen, das den vorliegenden Texten gegenüber zur Geltung gebracht werden musste, die in Fortsetzung des Kampfes gegen den Modernismus sich oft fast exklusiv auf die lateinische Theologie der letzten hundert Jahre stützten und damit offensichtlich von einer Verengung bedroht waren, in der die Weite des Katholischen kaum noch zur Auswirkung kam.

Wenn nach allem Gesagten in den Auseinandersetzungen um das Offenbarungsschema diese Entscheidung um die geistige

Grundhaltung, aus der heraus die Kirche sprechen soll, zur Debatte stand, dann ist klar, dass demgegenüber die inhaltlichen Einzelfragen, so wichtig sie waren und sind, doch sekundären Rang erhielten. Daraus wird auch klar, dass es keine fundamentale dogmatische Trennung zwischen den Vätern gab, wohl aber eine bedeutsame Unterschiedenheit der spirituellen Grundeinsteilung zu der Frage, wie die Kirche heute ihre Aufgabe zu bewältigen habe. Die Abstimmung am 20. November bewies, dass die große Mehrheit des Konzils sich für den positiven Weg entschieden hatte und entschlossen ist, das Stadium der bloß negativen Abwehr zu überwinden. Freilich war, wie durch die Presse ja ausgiebig bekannt wurde, an diesem Tag die Abstimmungsfrage so gestellt, dass die Entscheidung zunächst verdunkelt wurde. Normal wäre es gewesen, das Schema zur Annahme vorzulegen; dazu hätte es zwei Drittel aller Stimmen benötigt und ein qualifiziertes Drittel hätte zu seiner Ablehnung genügt. Stattdessen wurde gefragt, wer für die Absetzung des Schemas sei; jetzt mussten die Gegner des Textes zwei Drittel der Stimmen aufbringen und ein gutes Drittel genügte, um die Vorlage zu retten. Das Ergebnis ist bekannt: 1368 Väter waren für die Absetzung des Schemas (also gegen die Vorlage), 813 dagegen (also für den Text). Nur etwas über hundert Stimmen fehlten, und zwei Drittel hätten sich gegen das Schema erklärt; d. h. nur ein gutes Drittel hatte dafür gestimmt. Dennoch war nach dieser Prozedur der Text gerettet, was freilich ganz offensichtlich dem Mehrheitswillen zuwiderlief. Das tiefe Missbehagen, ja, der Unmut, der sich nach dieser verfehlten Entscheidung über das Konzil legte, löste sich, als am folgenden Tag der Papst von sich aus den Text absetzte und ihn einer gemischten Kommission unter dem Vorsitz der Kardinäle Ottaviani und Bea zu gründlicher Neubearbeitung überwies. Damit war der Wille der Mehrheit vollstreckt. Der Papst hatte seine Vollmacht zugunsten des Konzils geltend gemacht. Die Entscheidung, die damit gefallen war, ist, wie man leicht verstehen kann, wiederum von großer grundsätzlicher Bedeutung: Das Konzil hatte sich gegen die einseitige Fortsetzung der antimodernistischen Spiritualität gestellt und sich für einen neuen Weg positiven Denkens und Sprechens entschieden. Insofern darf dieser 20. (bzw. 21.) November 1962 wirklich als ein Wendepunkt gelten; ein Wendepunkt lag aber, verglichen mit der Situation von Trient und von 1869/70, auch darin, dass der Papst sich gegen die vorherrschende Tendenz der kurialen Behörden auf die Seite des Konzils gestellt hatte.

Die letzte Phase der ersten Konzilsperiode

Mit der Abstimmung vom 20. November und ihrer autoritativen Ergänzung am 21. November war die Grundentscheidung der ersten Sitzungsperiode gefallen, der gegenüber alles andere nur noch als Weiterführung oder als Nachtrag erscheint. So kann über das Restliche verhältnismäßig kurz gehandelt werden. Zählen wir zunächst auf, was an Einzelpunkten noch geleistet wurde:

a) Prooemium und Caput I des Liturgieschemas wurde in der von den Kommissionen erarbeiteten endgültigen Gestalt verabschiedet. Sie müssen jetzt nur noch vereint mit dem restlichen Teil dieses Schemas in der vom Papst präsidierten öffentlichen Sitzung angenommen werden, um Gesetzeskraft zu erlangen.

b) Das Schema über die Kommunikationsmittel (Presse, Film, Funk, Fernsehen) wurde diskutiert. Das Konzil erklärte sich mit den entwickelten Grundsätzen einverstanden, wünschte aber eine starke Konzentration des Textes und die Überlassung der Details an eine spätere, im Auftrag des Konzils unter Mithilfe von Fachberatern aus verschiedenen Nationen zu fertigende Pastoralinstruktion.

c) Das von der Kommission für die Ostkirche erarbeitete Schema über die Einheit der Kirche wurde behandelt. Das Konzil einigte sich darauf, diesen Text, der nur auf die Ostkirchen Bezug nahm, mit der entsprechenden Vorlage, die aus dem Sekretariat des Kar-

Konzilsimpressionen

dinals Bea hervorgewachsen war und dem Ökumenismus-Kapitel des Kirchenschemas zu vereinigen. Es verwies den Text mit diesem Auftrag an die entsprechenden Kommissionen zurück.

d) Die Diskussion über das Schema von der Kirche wurde begonnen; ein Antrag von Kardinal Ottaviani, zunächst das Schema von der Gottesmutter zu behandeln, fand nicht die nötige Mehrheit. Obgleich in der Diskussion über die Kirche bereits eine Reihe von wichtigen Gesichtspunkten geäußert wurden, die die offen vorandrängende und zugleich in die biblischen Ursprünge zurückverweisende Mentalität des Konzils von neuem bestätigten, steht die ganze Diskussion doch so sehr in ihren Anfängen, dass es nicht nötig scheint, hier näher von ihr zu berichten; sie stellte schon einen Vorgriff auf die zweite Konzilsperiode dar und wird späterhin mit ihr vor allem zusammen gesehen werden müssen.[8]

Immer deutlicher wurde trotz aller großen Impulse, die noch auftraten, dass sich eine zunehmende Ermüdung über das Konzil legte. Sie rührte meines Erachtens letztlich davon her, dass jedermann deutlich spürte, dass die Vollversammlung mit der Abstimmung vom 20. November und mit der liturgischen Debatte im Augenblick ihre Arbeit getan hatte und dass ihre Entscheidung praktisch darauf hinauslief, eine neue Vorbereitung zu fordern, die in einem gänzlich anderen Geist zu gestalten war als die vorangegangene und die sich als Typ ihrer Arbeitsweise Geist und Sprache des Liturgieschemas wählen musste. Die Vorbereitungsarbeit war entsprechend der Tradition der kurialen Behörden, die ja vielfach als Defensiveinrichtungen entstanden waren und den Kampf des letzten Jahrhunderts geführt hatten, im defensiven, antimodernistischen Geist erfolgt. Die Entscheidung des Konzils besagte nichts anderes, als dass es die Grundhaltung dieser Arbeit überholte und so in der konzentrierten geistigen Anstrengung der ersten Wochen einen neuen Anfang setzte, der nun zu vollstrecken war. Diese Detailarbeit konnte das Plenum nicht tun. Was das Plenum und nur das Plenum, die Bischöfe aus aller Welt, tun konnte, war geschehen. Das Steuer war herumgedreht, der Auftrag formuliert.

Machen wir uns noch einmal klar, was das Ganze bedeutete: Das Konzil hatte seine eigene Lehrautorität geltend gemacht und gegenüber den kurialen Kongregationen, die im Dienst der primatialen Gewalt und ihrer vereinigenden Funktion stehen, nun die Stimme des Episkopats, nein die Stimme der Weltkirche zur Geltung gebracht; denn mit und in den Bischöfen waren die jeweiligen Länder, waren die Gläubigen, ihre Sorgen und Situationen vertreten. Was die Bischöfe sagten und taten, war weit mehr als Ausdruck einer bestimmten theologischen Schulbildung. Es kam vielmehr aus der zweiten Schule, in die sie gegangen waren, aus der Schule ihres Amtes, aus der Gemeinschaft mit ihren Gläubigen und mit der Welt, in der sie leben. Man spricht heute in der Theologie viel vom Glaubenssinn der Kirche als einer Quelle der Dogmatik. Nicht immer ist, was auf solche Weise bewiesen wird, vollends glaubwürdig. Denn wer kann diesen Glaubenssinn feststellen? Hier aber war wirklich das Glaubensbewusstsein der Gesamtkirche konkret und energisch in Erscheinung getreten, so sehr, dass es die intensive Vorbereitungsarbeit von drei Jahren, ohne ihre Bedeutung zu negieren, doch als weitgehend unzulänglich enthüllte und eine Wiederholung dieser Arbeit auf neuer Grundlage forderte. Damit war klar, dass eine lange Zwischenpause nötig sein würde, um dem Konzil die einer tiefgehenden Umgestaltung bedürftigen Texte in einem arbeitsfähigen Zustand vorlegen zu können. Es muss ja auffallen, dass die Debatte über das Liturgieschema weitaus am längsten dauerte, über das Schema, in dem man sich im Grunde einig war. Sieht man näher zu, so ist das aber nur natürlich. Hier hatte es einen Sinn, über die Details zu streiten, weil man über das Ganze einig war. Bei den anderen Texten (vor allem beim Offenbarungsschema) musste man sich schließlich damit begnügen, seine Unzufriedenheit zu begründen. Es konnte gar nicht wünschenswert erscheinen, die Einzelheiten eines Textes zu diskutieren, den man als Ganzen in dieser Gestalt nicht anzunehmen willens war.

Die lange Zwischenzeit von neun Monaten wurde aber auch aus einem anderen Grunde begrüßt. Nur so war das erneute Zusammentreten einer wirklichen Vollversammlung gewährleistet, da ja den Bischöfen aus Übersee, insbesondere aus Südamerika und den Missionsländern, unmöglich gewesen wäre, mehr als einmal im Jahr die weite Reise nach Rom anzutreten. Und wenn man anfangs gegenüber dieser Mammutversammlung hatte skeptisch sein können, so hatte sie nun ihre Unersetzbarkeit bewiesen. Nur sie hatte jene horizontale Katholizität auslösen können, die zu den kostbarsten Früchten der ersten Konzilshälfte gehört. Nur sie hatte jenen Reichtum an geistiger Befruchtung schaffen können, von dem sich am letzten Tage jeder, der dabei gewesen war, bereichert und erneuert wusste. Das Konzil war zu einer intensiven theologischen Schulung für die Bischöfe geworden. Viele, die in der Einsamkeit ihres missionarischen Dienstes völlig von der Mühsal der täglichen Sorgen absorbiert werden, hatten den Zusammenhang mit dem geistigen Leben der Welt von heute gefunden, mit all dem Großen, das im Inneren der Kirche aufgewacht ist und empfanden sich dankbar als Beschenkte, so wie sie durch den Geist der Einfachheit und des Dienens, den sie in die Vollversammlung trugen, unvermerkt die anderen nicht weniger beschenkt hatten. Der Zwischenperiode ist durch die Schlussanweisung des Papstes, die auch hier wieder einfach die Aufgabenstellung formulierte, die sich aus der Konzilsarbeit selbst ergeben hatte, vor allem eine doppelte Aufgabe gestellt:

a) Die Schemata sind in dem Geist umzugestalten, der von der Konzilsmehrheit gefordert worden ist.

b) Aus den inzwischen in zwanzig Nummern zusammengefassten siebzig Schemata sind die wesentlichen auszuwählen, die zusammengehörigen zusammenzufassen und das Ganze so zu konzentrieren, dass ein bewältigungsfähiger konziliarer Stoff und nicht ein Handbuch für Spezialisten daraus entsteht.

Es ist klar, dass, gemessen an der ungeheuren Aufgabe, die damit gesetzt ist, die Zwischenzeit, die dem Außenstehenden lange

erscheinen möchte, in Wahrheit außerordentlich knapp bemessen ist, ja, es scheint fraglich, ob in ihr der gegebene Auftrag wird bewältigt werden können. Andererseits ist auf diesem Konzil schon so viel Unmögliches möglich geworden, dass man sich von dem oft geradezu aufregenden Optimismus des Papstes getrost anstecken lassen und hoffnungsvoll sein darf.
Wenn mancher vielleicht unzufrieden war oder ist, dass das Konzil keinen Text verabschiedet, kein greifbares Ergebnis erzielt hat, so wird aus dem Vorangegangenen die Antwort darauf deutlich geworden sein: Gerade darin, in dieser scheinbar negativen Bilanz liegt das große, überraschende und wahrhaft positive Ergebnis der ersten Periode, denn darin drückt sich die Umwälzung gegenüber dem Geist der Vorbereitungsarbeit und so das wahrhaft Epochemachende dieser ersten Konzilssitzung aus.

Schlussüberlegung

Bei allen Hoffnungen, zu denen das Konzil berechtigt, muss man sich freilich auch klar bleiben, was das Konzil sicher nicht kann. Zweierlei ist zu nennen:
1. Das Konzil kann nicht und soll auch gar nicht die Menschlichkeit der Kirche aufheben. Auch nach dem Konzil wird sie der Erneuerung bedürftig bleiben. Sie bleibt es immer bis zur Wiederkunft des Herrn. Und das Konzil, dessen Zeugen wir sind, hat nicht zuletzt die Bedeutung, ein Bekenntnis zu dieser steten Erneuerungsbedürftigkeit der Kirche zu sein und den Herrn in dieser unserer geschichtlichen Stunde um solche Erneuerung zu bitten, ihm gleichsam die offene Hand dafür hinzuhalten.
2. Das Konzil kann nicht die Wiedervereinigung der getrennten Christenheit zu seiner unmittelbaren Folge haben. Die geschichtliche Last der Spaltung ist zu groß, als dass sie innerhalb weniger Jahre abgetragen werden könnte. Man muss hinzufügen, dass dies in höherem Maß in der Beziehung zwischen katholischer und reformatorischer Christenheit als zwischen lateinischer und

griechischer Kirche gilt, weil der Bruch der Reformation tiefer reicht als der des Jahres 1054, der Ost und West trennte. Im letzteren Fall blieb das Fundament des ganzen ersten christlichen Jahrtausends gemeinsam, im Fall der Reformation wurde der Riss bis an die Schwelle der Bibel getragen, ja, er reicht in gewissem Sinne bis in die Bibel selbst hinein. Wenn man aber versucht sein wollte zu sagen, mit den Ostkirchen sei uns die Überlieferung eines ganzen Jahrtausends gemeinsam, mit den reformatorischen Christen im wesentlichen nur die Bibel, dann drängt sich freilich auch sofort die Korrektur auf: Wer „nur" die Bibel gemeinsam hat, hat doch unendlich viel gemeinsam: den einen Vater, den einen Geist, den einen Herrn, der unser aller Bruder ist: Jesus Christus.

Das Konzil wird die volle Vereinigung der Christenheit noch nicht herbeiführen können, aber es wird neu bewusst zu machen vermögen, wie viel schon gemeinsam ist und wie sehr wir im Grunde schon einig sind, wenn wir uns nur die Mühe machen, es zu sehen, und statt auf die Gräben zu starren, die uns trennen, das Viele zu beachten, das uns eint.[9] Auch hier wird sich die Grundentscheidung des Konzils auswirken: anstatt auf das Anti auf das Ja zu schauen und so das Gewicht jener fundamentalen Einheit, die gar nie aufgehört hat zu bestehen, wieder zu erleben und ihm auch im konkreten Zueinander der Christen jene Gewichtigkeit zu lassen, die sie in Wahrheit hat und die von allen Trennungen nicht überwogen wird. Damit weist freilich das Konzil über sich selbst hinaus; denn eine solche Weise christlicher Verwirklichung bleibt eine Aufgabe, die vom Konzil zwar formuliert, aber nur von jedem einzelnen Christen in der Geduld und Mühsal des Alltags zur Verwirklichung geführt werden kann. Dem, der auf das Geschehene zurück und auf das Kommende vorausschaut, bleibt zuletzt nichts anderes, als dem Herrn zu danken, der seine Macht und seine Nähe inmitten der Fins-

ternis der Kriegsdrohung und des Glaubensabfalles unter uns offenbaren wollte, und ihn zu bitten, dass er seine Kirche führe, dass sein Anruf in uns, den Christen dieses Jahrhunderts des Konzils, nicht unfruchtbar bleibe, sondern wirke jene Einheit des Geistes, an der die Welt ihn erkennen soll, der uns Kunde bringt vom Vater und der Heil ist für alle Welt.

Anmerkungen

[1] Inzwischen ist eine Reihe von Arbeiten ähnlichen Charakters erschienen; es sei verwiesen auf P. Th. Camelot, Les leçons spirituelles du Concile, in: La vie spirituelle Nr. 491 (1963) 143-152; G. Dejaifve, D'un concile à l'autre: bilan de la premiere session, in: NR Th, t 85 (1963) 56-64; P. Fransen, Die erste Session des Konzils, in: Wort und Wahrheit 18 (1963) 9-24.

[2] In der Subskription der Dekretalen findet sich zwar auch diese Bezeichnung als Papsttitel (vgl. H. Barion, Papat und Primat, RGG V 44), aber dass aus der Vielheit der Titel gerade dieser ausgewählt wurde, der in seiner Schlichtheit eigentlich gar kein Titel ist, bleibt bedeutsam.

[3] Vgl. Y. Congar, Der Laie (Stuttgart 1956) 542-549.

[4] Über die Haltung und Entwicklung der Episkopate auf dem Konzil ausführlicher P. Fransen, a. a. O. 12.

[5] Vgl. die Würdigung der Liturgie-Debatte durch J. A. Jungmann, Liturgie nach dem Konzil, in: Stimmen der Zeit, Bd. 171 (1962/3) 321-329.

[6] Zitiert nach Herderkorrespondenz 17 (Dez. 1963) 153 f.

[7] Siehe dazu jetzt das grundlegende Werk von E. Poulat, Histoire, dogme et critique dans la crise moderniste (Paris 1962).

[8] Ausführlicher darüber (neben den Berichten der Herderkorrespondenz) P. Fransen, a. a. O. 22 ff.

[9] Diesen Gesichtspunkt hat neuerdings eindringlich herausgestellt Th. Sartory, Mut zur Katholizität (Salzburg 1962).

* Erstveröffentlichung: Joseph Ratzinger: Die erste Sitzungsperiode des Zweiten Vatikanischen Konzils – Ein Rückblick, Bachem-Verlag, Köln 1963

Josef Kardinal Frings

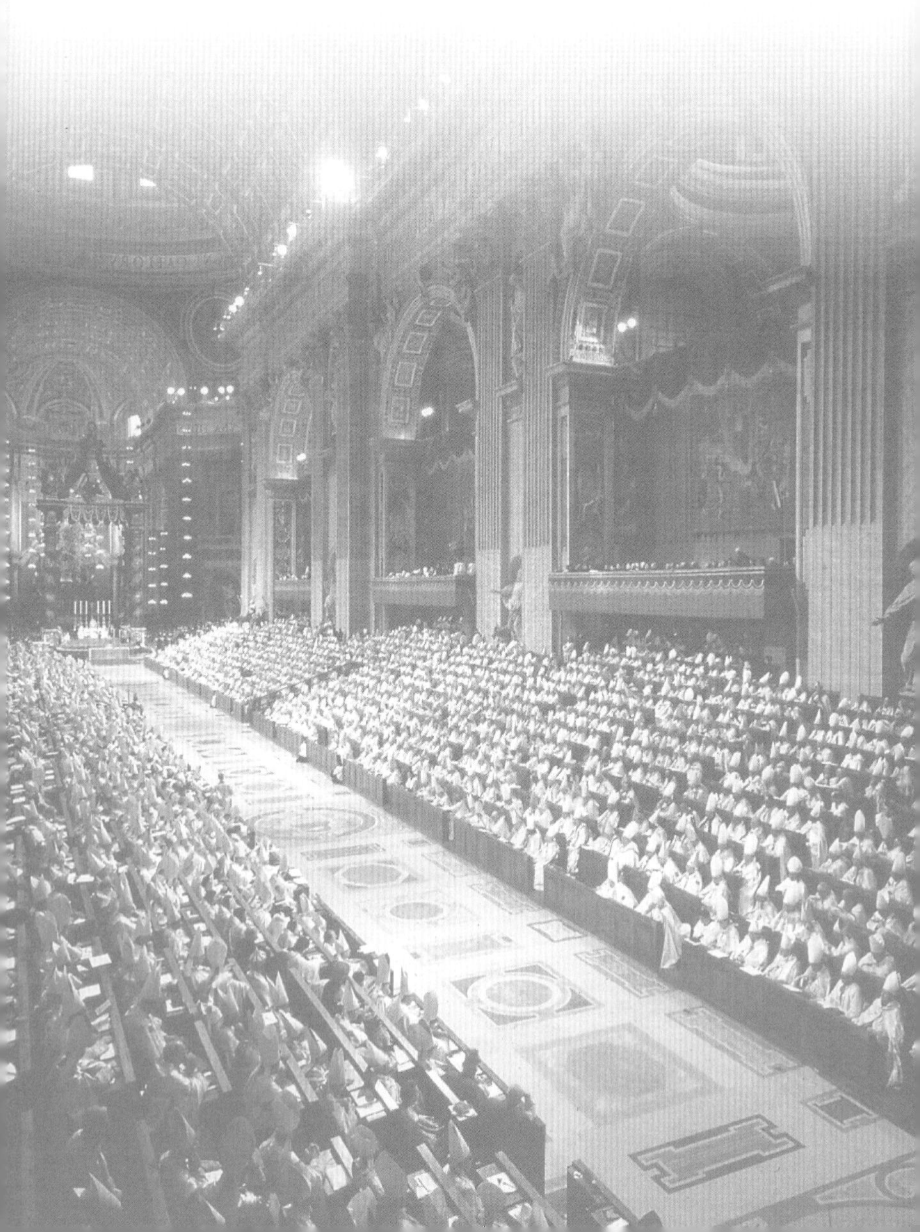

Josef Kardinal Frings – Kurzvita

Hans Nitsche

Das Jahr 1962 war für den Kölner Erzbischof Josef Kardinal Frings ein besonderes Jahr: Er konnte seinen 75. Geburtstag feiern und gleichzeitig sein 20-jähriges Bischofsjubiläum. Nicht zuletzt machte er sich in diesem Jahr nach Rom auf, um – wie sich später herausstellte – zu einem der maßgeblichen Mitgestalter des 2. Vatikanischen Konzils zu werden.

Josef Richard Frings hatte am 6. Februar 1887 als zweites von acht Kindern des Weberei-Fabrikanten Heinrich Frings und seiner Frau Maria, geb. Sels, in Neuss das Licht der Welt erblickt. In seiner Heimatstadt besuchte er die Volksschule und das humanistische Gymnasium. Nach dem Abitur entschied er sich, Theologie zu studieren und ging an das von Jesuiten geleitete Canisianum nach Innsbruck. Er beendete seine Studien schließlich in Bonn und Köln und wurde am 10. August 1910 in Köln zum Priester geweiht.

Der Jungpriester wurde zunächst Kaplan in der neu gegründeten Pfarrei St. Pius in Köln-Zollstock und zeichnete sich hier u. a. durch die Sorge um die Arbeitnehmerschaft aus. 1913 bekam er die Möglichkeit, nach Rom zu gehen, um weiter zu studieren. Er wurde Kaplan an der „Anima", wechselte dann aber nach Freiburg und promovierte hier mit der Arbeit „Die Einheit der Messiasidee in den Evangelien. Ein Beispiel zur Theologie des Neuen Testaments". Anschließend ging er zurück nach Köln und wurde bis 1922 Pfarrrektor der Katholischen Pfarrgemeinde St. Marien in Köln-Fühlingen. Von 1922 bis 1924 war er Leiter eines Waisenhauses in Neuss und von 1924 bis 1937 Pfarrer der Gemeinde St. Joseph in Köln-Braunsfeld, wo er nach eigenen Aussagen „dreizehn sehr schöne und glückliche Jahre" verlebte. In diese Jahre fallen auch die ersten Begegnungen mit dem damaligen Kölner Oberbürgermeister Konrad Adenauer, der hier den Gottesdienst besuchte.

Es muss nicht ganz im Sinne des späteren Erzbischofs gewesen sein, dass Kardinal Schulte ihn 1937 zum Regens des erzbischöflichen Priesterseminars in Bensberg berief. Da Bensberg im Januar 1942 durch die Nazis enteignet wurde, zogen das Priesterseminar und sein Regens über einige Zwischenstationen 1942 ins St. Antoniusheim in Bad Honnef – dem späteren von Kardinal Frings gegründeten Katholisch-Sozialen Institut. Mitten im Krieg, im März 1942, erreichte ihn hier die Nachricht, dass das Domkapitel ihn zum Erzbischof von Köln gewählt habe. Dr. Josef Frings wurde schließlich am 21. Juni vom apostolischen Nuntius in Deutschland, Erzbischof Cesare Orsenigo, zum Bischof und damit zum 92. Nachfolger des Heiligen Maternus in Köln geweiht. Sein Wahlspruch lautete: „Pro hominibus constitutus – Für die Menschen bestellt". Er selber übersetzte den Spruch gerne mit den Worten: „Für die Menschen bin ich da!" Das merkten auch die politisch Verantwortlichen nach Ende des Krieges, als Frings sich für seine Erzdiözesanen einsetzte und unzählig viele Besuche bei Kriegsheimkehrern, Kriegsgefangenen und Flüchtlingen machte.
Im August 1945 war Erzbischof Frings als Nachfolger von Kardinal Bertram zum Vorsitzenden der Fuldaer Bischofskonferenzen gewählt worden. Er blieb bis 1965 Vorsitzender des später zur Deutschen Bischofskonferenz umbenannten Gremiums.
Ein besonderes Jahr war für Erzbischof Frings das Jahr 1946: Am 21. Februar wurde er gemeinsam mit Konrad Graf von Preysing und Clemens August Graf von Galen von Papst Pius XII. in das Kardinalskollegium aufgenommen. Als Kardinalpriester wurde ihm die Titelkirche San Giovanni a Porta Latina zugewiesen. Nur über Umwege gelangte der Erzbischof nach Rom. Einige Monate später fuhr er zum Besuch deutscher Kriegsgefangener in die Niederlande und nach England. In seiner Silvesterpredigt 1946 bat er um Verständnis für die hungernde und darbende Bevölkerung und formulierte den dann allzu gern missverstandenen Satz, „Wir leben in Zeiten, da in der Not auch der Einzelne das

wird nehmen dürfen, was er zur Erhaltung seines Lebens und seiner Gesundheit notwendig hat, wenn er es auf andere Weise, durch seine Arbeit oder durch Bitten, nicht erlangen kann", der unter dem Stichwort „fringsen" in die Geschichte einging.
1947 gründete der Kardinal das Katholisch-Soziale Institut der Erzdiözese Köln, ein Haus, das sich besonders der Vermittlung der katholischen Soziallehre annehmen und ein Augenmerk auf die Qualifizierung von Arbeitnehmern richten sollte.
Im Jahr 1948 wurde Kardinal Frings von Pius XII. zum Hohen Protektor für das Flüchtlingswesen ernannt. Er initiierte 1954 die bis heute bestehende Bistumspatenschaft zwischen dem Erzbistum Köln und dem Erzbistum Tokio, eine der ersten Bistumspatenschaf-

ten innerhalb der römisch-katholischen Kirche, und war 1958 Initiator und Mitbegründer des Hilfswerks Misereor. Auch das Hilfswerk Adveniat 1961 ging wesentlich auf seine Anregung zurück.
Das Jahr 1962 war insbesondere durch den Beginn des Zweiten Vatikanischen Konzils geprägt. Schon im Vorfeld dieses Jahrhundertereignisses hatte der Kölner Kardinal in Genua einen Vortrag mit dem Titel „Das Konzil auf dem Hintergrund der Zeitlage im Unterschied zum Ersten Vatikanischen Konzil" gehalten. Als Papst Johannes XXIII. das Manuskript gelesen hatte, lud er den Kardinal zu einer Audienz in den Vatikan ein, um ihm zu seinen Ausführungen zu gratulieren. Kardinal Frings wurde schließlich Mitglied des zehnköpfigen Konzilspräsidiums und hielt eine wirkmächtige, frei in lateinischer Sprache gehaltene Rede zur Geschäftsordnung in der Eröffnungssitzung. Auch seine von seinem Berater Joseph Ratzinger entworfene Rede über das Heilige Offizium war ebenso mutig wie nachhaltig.
Aufgrund seiner immer stärker nachlassenden Sehkraft legte der populäre Kardinal im Februar 1969 sein Bischofsamt nieder. Der Bischof von Münster, Joseph Höffner, wurde sein Nachfolger. Kardinal Frings starb am 17. Dezember 1978. Er wurde unter großer Anteilnahme der Bevölkerung in der erzbischöflichen Gruft im Kölner Dom beigesetzt.

Quellen

Frings, Josef Kardinal, Für die Menschen bestellt. Erinnerungen des Alterzbischofs von Köln, Köln 1973.

Froitzheim, Dieter (Hg.), Kardinal Frings – Leben und Werk, 2. Auflage, Köln 1980.

Sikora, Joachim, Nitsche, Hans (Hg.), Josef Kardinal Frings – Honnefer Akzente, 2. Auflage, Bad Honnef 1996.

Trippen, Norbert, Josef Kardinal Frings (1887-1978), Band 1: Sein Wirken für das Erzbistum Köln und die Kirche in Deutschland, Paderborn, München, Wien, Zürich 2003; Band 2, Sein Wirken für die Weltkirche und seine letzten Bischofsjahre, Paderborn München, Wien, Zürich 2005.

Kardinal Frings und das II. Vatikanische Konzil*

Joseph Ratzinger (Papst Benedikt XVI.)

Prof. Dr. Joseph Ratzinger (1962)

Es war am 9. Oktober 1962 gegen halb elf Uhr, als Kardinal Frings zum Zweiten Vatikanischen Konzil aufbrach. Sein Weg dorthin führte ihn zunächst in seine Bischofskirche, den Dom zu Köln. Während der Klang der schweren Glocke den Ernst des Augenblicks in die Seele dringen ließ, ging der Kardinal durch den weiten gotischen Raum und begann das Konzil mit einem Gebet in dem Gotteshaus, in dem er als Bischof die katholische Kirche präsentierte. Sein Weg endete aber an diesem Tag nicht am Altar, der Stätte seiner bischöflichen Funktionen. Der Kardinal ließ sich in die Gruft führen und die Nische zeigen, in der einmal sein Sarg beigesetzt werden sollte. Ich sehe ihn noch vor mir, wie er nachdenklich und gesammelt mit den Händen die Stelle seines künftigen Begräbnisses betastet, die er seiner schwachen Sehkraft wegen mit den Augen kaum noch wahrnehmen konnte. Er war in dieser Stunde gleichsam in die Zukunft vorausgegangen, um von der Verantwortung solchen Schauens her die kommende Aufgabe zu erfüllen.

Diese kleine Episode scheint mir charakteristisch zu sein für die Frage nach der Stellung des Kardinals auf dem Konzil; sie lässt erkennen, von welchem Punkt her und aus welcher Perspektive der Kölner Erzbischof seine Arbeit in Rom getan hat. Dabei kann es keineswegs die Absicht dieses Beitrags sein, in der Weise des Historikers wissenschaftlich präzis und erschöpfend Auskunft über die Stellung von Kardinal Frings im geistigen Prozess der Kirchenversammlung zu geben; solches zu versuchen, wäre wohl auch noch verfrüht. Ich möchte lediglich ein paar Eindrücke aneinanderfügen, die vielleicht auch manches Klischee korrigieren können, das sich entweder schon gebildet hat oder vielleicht gerade zu bilden beginnt.

Bei dieser Feststellung denke ich zunächst ganz besonders an die heftigen Attacken, die kürzlich Erzbischof Marcel Lefebvre in einer weit verbreiteten Rede geführt hat, wobei er sich auf das Material in Ralph M. Wiltgens Buch „Der Rhein fließt in den Tiber“ stützt und es zugleich erheblich vergröbert, ja verfälscht. Lefebvre meint, der „Rheinbund“ – bestehend aus den Kardinälen Alfrink, Frings, Döpfner, Lienart, Suenens und König – habe sich schon vor dem Konzil zu einer geheimen Verschwörung gefunden und in der Anima ein gewaltiges Sekretariat etabliert, das als Gehirn dieser Verschwörung ununterbrochen Flugblätter und Dokumente in Massen unter die Bischöfe geworfen und so die ganze Kirchenversammlung manipuliert habe.

Hier ist dem Erzbischof eine üble Verwechslung unterlaufen. Da gibt es nämlich zunächst einmal das deutsch-österreichische Priesterkolleg „Santa Maria dell'Anima“; es steht in der Via della Pace, eingezwängt zwischen die deutsche Nationalkirche und das kleine Renaissance-Juwel der Kirche Santa Maria della Pace, versteckt in einem Winkel der römischen Altstadt, den selbst die Taxifahrer meist nur mit Mühe finden. In diesem Priesterkolleg wohnte Kardinal Frings während aller vier Sitzungsperioden des Konzils; Erzbischof Lefebvre aber verwechselt es mit einem holländischen Zentrum, das sich im Palazzo Doria-Pamphili etablierte, der seine Prunkfassade nach der Piazza Navona ausbreitet, seinen Eingang aber rückwärts in der Via dell' Anima hat.

Hier, im Palazzo, gab es schon seit einiger Zeit in Verbindung mit der Kirche Sant' Agnese ein von einem holländischen Säkularinstitut betriebenes Foyer Unitas, das den Protestanten des

Nordens Hilfe zum Verstehen des katholischen Rom bieten und Begegnungen arrangieren wollte. In dem weitläufigen Bauwerk zog dann, wohl von dieser Gemeinschaft angelockt, eines Tages (ich weiß nicht wann) ein holländisches Experten-Team ein, das sich die Bezeichnung „doc“ beilegte (die nach dem Konzil in idoc umgewandelt wurde); diese Gruppe hat in der Tat mit einer unglaublichen Aktivität fortlaufend Traktate zu den aktuellen Beratungsthemen des Konzils beschafft und in großen Mengen unter die Väter gebracht. Das Priesterkolleg „Anima“, in dem Kardinal Frings (wie gesagt: in der Via della Pace) wohnte, hatte mit dem Unternehmen der Via dell' Anima nicht das mindeste zu tun. Ich kann mich leider nicht daran erinnern, wann wir zum ersten mal von der Arbeit unserer Nachbarn erfuhren, aber es war gewiss nicht vor 1963, und wenn mich mein Gedächtnis nicht täuscht, geschah dies dadurch, dass man den Kardinal um Geld für das vermutlich nicht ganz billige Unternehmen anging.
Nein, Kardinal Frings kam nicht als Verschwörer mit einer wohl vorbereiteten Strategie nach Rom; dafür wäre die kaum auffindbare Anima mit ihrer österreichischen Gemütlichkeit und ihrem fast völligen Mangel an technischer Apparatur auch nicht der richtige Ort gewesen. Wie weit man von Strategie entfernt war, zeigte sich nach der berühmten Initiative des 13. Oktober 1962, in der zuerst Kardinal Liénart von Lille, dann Kardinal Frings eine Verschiebung der Wahlen zu den Konzilskommissionen auf den 16. Oktober gewünscht und erreicht hatten; die Listen mussten freilich schon im Lauf des 15. Oktober im Sekretariat abgegeben werden. Der Wunsch nach Verschiebung der Wahlen war aus dem ganz schlichten Empfinden heraus entstanden, dass eine Bestätigung von Listen, an deren Erstellung das Konzil selbst keinen Anteil gehabt hatte, dem Sinn einer „Wahl“ widersprochen und so auch nicht die nötige Vertrauensbasis für die Arbeit geschaffen hätte. Um zu wählen, musste es Alternativen geben, musste das Konzil selbst die Männer seines Vertrauens benannt haben – das war eine ganz elementare Einsicht ohne jeden auf-

rührerischen Gehalt. Wäre es anders gewesen, so wäre diesem Vorschlag nicht mit der Selbstverständlichkeit stattgegeben worden, mit der dies tatsächlich geschah.
Aber nun, da man wählen konnte, entstand erst das eigentliche Problem: Niemand war vorbereitet; über die Grenzen der Bischofskonferenzen hinaus kannte man sich nicht, von einigen zufälligen persönlichen Beziehungen abgesehen. Wie sollte man überhaupt Listen zustande bringen und dem fraglos zugestandenen Recht des Konzils einen Inhalt geben? In dieser schwierigen Lage hat sich der damalige Sekretär des Kardinals, der jetzige Weihbischof Hubert Luthe, die größten Verdienste erworben. Er stellte mit ebensoviel Geduld wie Zähigkeit das Telefon, dieses moderne Instrument der Ruhestörung bis in die privatesten Augenblicke hinein, in den Dienst des Konzils – dies übrigens auch sonst mit so viel Hingabe, dass Kardinal Frings gelegentlich scherzhaft meinte, wenn sein Sekretär einmal heiliggesprochen werde, könne über das ihn kennzeichnende Attribut kein Zweifel sein: ein Telefon.
Man bat also die bekannteren Bischofskonferenzen aus allen Erdteilen, Namen zu benennen, die ihnen als Vertreter in den verschiedenen Kommissionen geeignet schienen. Sowohl Kardinal Frings wie Kardinal Lienart kannten den größten Teil der Männer nicht, die auf der von ihnen inaugurierten sogenannten mitteleuropäischen Liste genannt waren. Übrigens blieb dies – ganz im Sinn der Initiative – nicht die einzige Liste. Was sie kennzeichnete, war nicht eine bestimmte „Richtung" – man wusste ja noch gar nichts voneinander; ihr Auszeichnendes bestand allein in ihrer Absicht, möglichst „katholisch" zu sein, das heißt, ohne Bevorzugung eines Landes oder einer Sprachgruppe in weiter Streuung Bischöfe aus allen Teilen der Kirche in die konziliaren Organe zu entsenden. Es ging also gerade nicht um einen Block, um einen „Rheinbund", sondern um eine umfassende Vertretung aller Teile der Kirche in den konziliaren Organen und so zugleich um einen Blanco-Vorschuss an Vertrauen, dessen Begründung letztlich allein in der Katholizität lag; denn sie allein konnte die

Überzeugung rechtfertigen, dass man die menschlich verständliche Angst vor unbekannten Namen nicht zu haben und sich folglich nicht auf schon bewährte Kräfte zurückzuziehen brauchte, wie dies (sehr begreiflich) in der von der Kurie vorbereiteten Liste mehr oder weniger der Fall gewesen war. Genau diese Orientierung ist es gewesen, die der „mitteleuropäischen" Liste zu weitgehenden Mehrheiten verhalf.
Ich würde hinzufügen, dass in diesem Vorgang auch bereits ganz deutlich die geistige Richtung zum Ausdruck kommt, die die Konzilsarbeit von Kardinal Frings prägte. Es war eben diese vollkommene angstlose und getreue Katholizität, die ihm den Weg wies; sie ist die zusammenhaltende Orientierung in den äußerlich oft weit auseinander liegenden Voten, die von ihm kamen. Man kann vielleicht noch einen Schritt weiter gehen und sagen, dass hier auch die schicksalhafte – in ihren Auswirkungen nicht vorherzuse-

Blick in die Konzilsaula

hende – Zweideutigkeit des Konzils in der Weltöffentlichkeit sich aufklärt. Was in den Augen von Frings und Lienart nur die innere Konsequenz der Einberufung des Konzils und konkreter Ausdruck der Katholizität war, interessierte die Öffentlichkeit unter einem ganz anderen Aspekt, nämlich unter dem Eindruck der Aufmüpfigkeit, der Widersetzlichkeit gegen die „Kurie" – hier konnte der antirömische Affekt ebenso einhaken wie die urmenschliche Lust, wider den Stachel der „Obrigkeit" zu löcken. Aber hätte man solcher Auslegung wegen anders handeln können, dürfen? Der Maßstab, den Kardinal Frings sich gesetzt hatte, rechtfertigt sich selbst und gerät auch dadurch nicht ins Zwielicht, dass er gegen Missverständnisse nicht gefeit war.

Mit dem 13. Oktober hatte die Konzilsarbeit sozusagen im Fortissimo begonnen. Aber Hektik konnte im Umkreis des Kölner Erzbischofs nicht gedeihen, auch wenn sein Sekretär oft bis an den Rand des Möglichen beansprucht war. Wenn man den Arbeitsstil von Kardinal Frings begreifen will, liest man am besten seine am 13. November 1963 gehaltene Konzilsrede zur Frage der Bischofskonferenzen, die ungewollt so etwas wie ein Selbstporträt mit einschließt. Hier hat Frings ein von seiner Anlage wie seiner Erfahrung gedecktes ganz persönliches Anliegen vor die Konzilsväter hingetragen; so ist dies wohl auch die Rede, in der das stärkste persönliche Engagement sichtbar wird: Der Kardinal selber hat sie in seinen Memoiren „fulminant" genannt. Sie schließt mit dem beschwörenden Zuruf: „Ehrwürdige Väter, bewahrt in den nationalen Konferenzen die Freiheit der einzelnen Bischöfe und die Liebe aller, damit nicht der Buchstabe tötet, sondern der Geist lebendig mache."

Worum ging es? Man wollte (wie es inzwischen ja in der Tat geschehen ist) die bisher ganz informellen Bischofskonferenzen mit einem rechtlich genau umschriebenen Statut ausstatten und sie dementsprechend auch institutionell ausbauen und strukturieren. Davor – besonders vor der Einrichtung eines „Generalsekretariats" der Konferenzen – hat Frings geradezu beschwörend gewarnt: „Bei Gründung eines solchen Generalsekretariats scheinen mir erhebliche Gefahren zu drohen. Wer wird dann der wirkliche Leiter der Konferenz sein: der bischöfliche Vorsitzende oder der Generalsekretär, der vielleicht nicht einmal Bischof oder nicht residierender Bischof ist? Es steht zu fürchten, dass kleinere Diözesen in die Abhängigkeit von irgendeinem Prälaten geraten, der unter dem Titel des Generalsekretärs alles leitet und auch die Verteilung der Finanzen bestimmt." Diese Sätze werfen, wie schon angedeutet, auf den Arbeitsstil des Kardinals wie auf sein Verhältnis zu bürokratischer Institutionalisierung ein bezeichnendes Licht.

Frings hat die seinerzeit freilich auch zahlenmäßig gut überschaubare Fuldaer Bischofskonferenz auf der Basis persönlicher Kontakte und gegenseitigen Vertrauens gelenkt. Er war sich bewusst, dass das in der veränderten Lage so nicht mehr gehen würde, aber er wollte vom Damaligen soviel retten wie nur irgend möglich.

Genauso war auch sein Arbeitsstil auf dem Konzil. Er hatte keinen „Apparat". Bei der ersten Sitzungsperiode war er nur von zwei Personen begleitet: von seinem Sekretär und mir, einem praktisch unbekannten jungen Professor der Bonner Universität. Von der zweiten Sitzungsperiode an war noch Prälat Josef Teusch als weiterer theologischer Berater mit in Rom sowie die Vinzentinerin Schwester Elisabeth als Sekretärin. Große „Strategien" waren mit diesem Team nicht ins Werk zu setzen, und derlei zu tun wäre Frings auch gänzlich fremd gewesen. Sein Eingreifen ins Große des konziliaren Geschehens lag ganz auf der Ebene des persönlichen Vertrauens und der Wirkung, die von ihm ausgeht.

An dieser Stelle muss wohl sinnvollerweise die Frage eingeschoben werden, auf welchen Wegen überhaupt die konziliare Meinungsbildung in Gang gekommen ist. Es wäre ja völlig verfehlt, sich die Dinge derart vorzustellen, als ob ein progressiver Block als geschlossene Partei mit einem festen Konzept nach Rom gekommen wäre und so den ganzen Weltepiskopat überrumpelt

hätte. Gewiss hatten sich in den vorbereitenden Kommissionen Freundschaften entwickelt, in denen sich die konziliare Weggemeinschaft anbahnte. Dennoch war noch keineswegs klar, auf welcher theologischen Route man sich finden würde: Die Gestalt, die der katholische Konsens in den gegebenen Fragen in der Stunde des Konzils annahm, ergab sich erst (und vielfach überraschend) in dem gemeinsamen Suchen, zu dem man nun genötigt war. Das Geflecht an Beratungen und Begegnungen, die dem Konsens zur Gestalt verhalfen, überblickt wahrscheinlich niemand ganz. Generell darf man wohl eine gegenläufige Entwicklung zwischen den traditionalistischen Gruppierungen und der konziliaren Mehrheit konstatieren. Die letztere fand sich zunächst in einer Fülle von mehr oder weniger informellen Kontakten, die aber schließlich immer mehr gegenüber der Arbeit in den offiziellen Gremien des Konzils – den Kommissionen – zurücktraten. Jene Väter, die sich nachträglich als „Minderheit" betrachten mussten, hatten dagegen zunächst ganz auf die offiziellen Organe gesetzt und sammelten sich erst spät im Coetus internationalis Patrum, der nach meiner Erinnerung seit der dritten Konzilsperiode eine rege Aktivität entfaltete und durch eine Vielzahl von Drucksachen auf die Väter Einfluss zu nehmen versuchte, was Kardinal Frings, wie gesagt, nie getan hat.
Eine einzige Ausnahme muss hier genannt werden: Als in der ersten Sitzungsperiode die Debatte über die „Quellen der Offenbarung" herannahte, war für jedermann spürbar, dass ein tiefgreifender Konflikt heraufzog. Das vorgelegte Schema war zwar nach den Maßen der neuscholastischen Systematik sauber gearbeitet und in seiner Rechtgläubigkeit unstrittig, aber seine Formulierungen waren so, dass sie mit den Forderungen des historischen Denkens nur schwer in Einklang zu bringen waren. Man hatte den Ansatz des Trienter Konzils in einer Weise entwickelt, die immer weniger durchlässig wurde für den besonderen Anspruch der biblischen Botschaft und für die Vielgestaltigkeit der geschichtlichen Wachstumsformen des

Glaubens in der Kirche. Es war rundum zu spüren, dass solche Einseitigkeit von vielen nicht angenommen werden würde und dass über einem solchen Text eine Einheit des Konzils keinesfalls zu gewinnen war.
Aus dieser Sorge heraus ging der Kölner Erzbischof daran, zunächst auf privatem Weg einen neuen Text vorbereiten zu lassen, der dann im Augenblick der Krise bereitstehen, das Vakuum füllen und so das Weitergehen der Arbeit ermöglichen sollte. Der auf diese Weise entstandene Entwurf wurde am 25. Oktober 1962 den Kardinälen Alfrink, König, Lienart, Suenens, Montini und Siri vorgetragen, die sich auf Grund einmaligen Hörens selbstverständlich nicht zu einer endgültigen Stellungnahme in der Lage sahen, aber doch die Möglichkeit anzunehmen schienen, dass auf dieser Basis eine Einigung denkbar sei.
Bewusst hatte Frings zu diesem Gespräch Konzilsväter unterschiedlicher Tendenz eingeladen (soweit sich das damals überhaupt schon absehen ließ), um zu erkennen, ob in der eingeschlagenen Richtung überhaupt ein Weg zu suchen war. Erst nach der Ermutigung durch die prominenten Hörer ließ Frings, nach nochmaliger Überarbeitung des Ganzen, den neuen Text vervielfältigen und unter alle Väter verteilen; es war, wie gesagt, das einzige Mal, dass er mit Hektographiertem sich an den ganzen Episkopat wandte.
Nun zeigte sich, dass dabei die Spielregeln des Konzils doch nicht richtig eingeschätzt worden waren. Vorlagen an das Konzil mussten von den dafür bestimmten amtlichen Organen ausgehen und nur Texte, die von ihnen kamen, konnten Gegenstand offizieller Beratung durch das Konzil werden. Dennoch blieb die Initiative nicht ganz fruchtlos; denn immerhin war auf diese Weise deutlich geworden, dass die Ablehnung eines Schemas nicht das Ende der Konsensbildung sein musste und dass es möglich war, die Ausarbeitung neuer Texte auch jetzt noch zu verlangen. Zugleich hatte sich auf solche Weise geklärt, dass die theologische Beratung der Kommissionen auf breitere Basis

gestellt werden musste. Dies war die entscheidende Korrektur, die dann auch gegen Ende der ersten Sitzungsperiode erfolgte: Die theologische Kommission erhielt jetzt einen Beraterstab, der zahlenmäßig wie in der Fächerung der Meinungen und Kompetenzen groß genug war, um die schwierigen Aufgaben lösen zu können, die nach dem Eklat der alten Schemata entstanden. Kehren wir zurück zur Frage nach den Wegen, auf denen Frings die geistige Physiognomie des Konzils mitprägte. Sein Augenleiden verbot es ihm, an der theologischen Kleinarbeit teilzunehmen; aber er hätte dies wahrscheinlich auch unabhängig davon nicht als seine Aufgabe angesehen. In diesem Bereich lag eine entscheidende Initiative bei Bischof Hermann Volk von Mainz, der zu den großen theologischen Themen – Offenbarung, Kirche, Kirche in der Welt von heute – eine Gruppe von Bischöfen und Theologen aus Deutschland, Frankreich und Belgien zusammenführte, in deren Austausch sich manches klärte. Daraus wieder ergaben sich Begegnungen in kleineren Gruppen, in denen der bedeutende Rang der belgischen Theologen, besonders von G. Philips, zusehends hervortrat.

Alle diese Anläufe konnten durchgreifende Bedeutung für das Konzil als Ganzes aber nur gewinnen auf dem Weg über die Bischofskonferenzen, die als Vorstufen der Konsensfindung wohl die entscheidenden Gelenke des konziliaren Organismus gewesen sind. Hier dürfte die von Frings präsidierte Konferenz beispielgebend gewirkt haben. Der Fuldaer Bischofskonferenz gehörten nur die residierenden Bischöfe Deutschlands an; dass sie noch keinen eigentlichen Rechtsstatus hatte, wurde vorhin schon erwähnt.

Frings lud nun bereits zum Abend des 10. Oktober 1962 alle deutschen und österreichischen Konzilsväter in den großen Saal der Anima ein und ließ die Zusammenkunft mit einem von mir gehaltenen Referat über die theologischen Schemata, besonders De fontibus revelationis, eröffnen. Es ergab sich früh, dass auch benachbarte Bischofskonferenzen Vertreter entsandten:

die Italiener Bischof Gargitter von Brixen, die Franzosen Weihbischof Elchinger von Straßburg; der Bischof von Luxemburg schloss sich der Versammlung an und, wenn ich mich recht entsinne, war auch die deutsche Schweiz immer vertreten. Diese Offenheit für die Nachbarländer zeigt, dass es hier ganz und gar nicht um eine geheime Verschwörung ging: Frings wollte, dass gerade auch die italienische Bischofskonferenz wisse, was die deutsche tat und war umgekehrt darauf bedacht, dass deutsche Bischöfe ihrerseits die Verbindung zu anderen Sprachräumen herstellten. Das Ziel war ja gerade nicht Blockbildung, sondern dies, die Einmütigkeit des ganzen Konzils zu finden. Die Funktion der Konferenzen wurde es, einerseits innerhalb der Sprachgruppen zu gemeinsamen Aussagen zu kommen, andererseits eine Isolierung der Sprachgruppen und damit eine Partikularisierung des Konzils zu vermeiden.

Diese unerlässlichen Vorstufen der Konsensbildung hätten in der Aula mit ihren über 2000 Bischöfen unmöglich geleistet werden können, aber auch nicht in den Kommissionen, die nun dafür wieder zu klein waren. Nur durch solche Vor- und Nacharbeit wurde das Gespräch in der Aula überhaupt möglich und fruchtbar. Damit dürfte deutlich sein, welche Tragweite die Formung hatte, die die deutsche Bischofskonferenz während des Konzils vom Kölner Kardinal empfing. Sein Verzicht auf Details, sein Blick aufs Wesentliche, seine Offenheit, seine Sachlichkeit und seine Urteilsfähigkeit waren ein bestimmender Faktor in dieser Gemeinschaft, auf die viele schauten.

Als nächstes müssen die Reden genannt werden, die Kardinal Frings in der Aula hielt. Wenn ich recht zähle, waren es in den vier Sitzungsperioden zusammen 19 solcher Voten, in denen der Erzbischof zu den meisten wichtigen Themen der Kirchenversammlung Stellung bezog. So oft Frings sprach, füllte sich die Aula; er durfte immer der Aufmerksamkeit des Plenums sicher sein. Es war beeindruckend zu sehen, wie der fast blinde Kardinal frei aus dem Gedächtnis sprach, mutig an den Kern der Dinge heranging

und doch zugleich immer eine überzeugende Güte ausstrahlte, so dass sich auch in kritischen Situationen nie jemand durch ihn verletzt fühlen konnte. Dieses Bild des ehrwürdigen, eher gebrechlich wirkenden und doch so lebendigen Kardinals hat sich wohl allen Konzilsvätern eingeprägt und sicher hat gerade der Eindruck des Blinden, der jenseits der Schwelle stand, bis zu der Eitelkeit oder Ehrgeiz zählen können, viel zu dem Echo beigetragen, das seine Worte hervorriefen. Auch die Autorität, die er als Schöpfer von „Misereor" und „Adveniat" in der Weltkirche genoss, hat eine Rolle gespielt, und schließlich war es natürlich auch nicht gleichgültig, dass er als Mitglied des Präsidialkollegiums immer als einer der ersten das Wort erhielt und so die Richtung eher prägen konnte als die späteren Redner. Immerhin haben nicht alle, die am Anfang standen, ähnlich gewirkt, und so ist mit dem bisher Gesagten viel, aber nicht das Ganze erklärt.
Um die überzeugende Macht zu verstehen, die von den Reden des Kardinals ausging, muss noch ein weiterer Faktor hinzugenommen werden. Er hängt mit dem Arbeitsstil von Frings zusammen, auf den wir noch einmal zurückkommen müssen. Wie hat der Erzbischof eigentlich seine Reden gebaut? Es wäre viel zu simpel, hier auf seine Haustheologen zu verweisen. Frings hat nie den kürzesten Weg zu einer Rede gewählt, nämlich sich einfach einen Text verfassen zu lassen – das wäre übrigens schon bei seinem Augenleiden und dem Zwang zum freien Sprechen schwierig gewesen.
Der Weg begann damit, dass er sich zunächst das betreffende Schema vorlesen ließ. Diese Lektüre wurde vielfach durch Zwischenfragen unterbrochen, bei denen der sprachliche und gedankliche Sinn des Textes geklärt und so auch schon in einem ersten Schritt die sachliche Durchdringung vorbereitet wurde. Dann wurden die problematischen Stellen noch einmal vorgenommen, nochmals gelesen, nochmals interpretiert und nun auch schon inhaltlich diskutiert. So ergab sich schließlich von selbst ein Gespräch über das Ganze, in dem die Hauptlinien der

Stellungnahme erarbeitet wurden. In diesem Stadium wurde dann der Entwurf eines Redetextes in Auftrag gegeben. Hernach ließ er sich diesen Redetext vorlesen; er wurde dann wieder in ähnlicher Weise diskutiert, wie vorhin das Schema, wobei sich zwangsläufig die verschiedensten Abänderungen ergaben. Anschließend begann Frings mit dem Memorieren, bei dem sich ihm Formulierung und Gedanke endgültig klärten. Die so von ihm erarbeitete Redefassung diktierte er dann seinem Sekretär. Übrigens kam es vor, dass er im nochmaligen Memorieren nach dem Diktat den Text abermals umstieß und dann erst die endgültige Fassung festlegte.

Was seine Mitarbeiter in diesem ganzen Prozess immer wieder bewegte, war zunächst die Lernbereitschaft und die Demut des greisen Kardinals. Er wollte das ganze Geflecht der Argumentation, der historischen und der sachlichen, so genau wie möglich kennenlernen; er war immer bereit, bisher Angenommenes im Licht neuer Gründe zu überprüfen, sich zu korrigieren und neue Einsicht aufzunehmen. Aber ebenso deutlich war, dass er Begründung heischte und Überzeugung von den Quellen des Glaubens her suchte. Frings hat nie einfach eine Expertenrede vorgetragen, sondern nur das, was ihm im sorgsamen Disput selbst zur Überzeugung geworden war. Seine Reden waren zuletzt immer wirklich seine Reden, auch und gerade wenn ihm für die Urteilsbildung das Gespräch notwendig erschien.

Diese in der geduldigen Suche nach dem Wesentlichen gefundene Überzeugung hat man in der Aula gespürt. Es gab gelehrtere, materialreichere Reden und es gab rhetorisch kunstvoller gebaute. Von solchen Maßstäben her hätte Frings seine besondere Stellung nicht erlangen können. Aber es gab nicht viele, die mit einer ähnlichen Kraft der Überzeugung sprachen und sich den Weg zur Überzeugung so schwer hatten werden lassen wie er.

Wenn von den Formen der Einflussnahme des Kölner Erzbischofs auf das Konzil gesprochen wird, muss schließlich ein Drittes erwähnt werden: In kritischen Situationen hat Frings mehrmals Kardinäle verschiedener Gruppierungen und aus den wichtigsten Sprachbereichen eingeladen, mit ihnen zusammen nach einem Weg zu suchen, der weiterführte. Seine Besonnenheit, seine Sachlichkeit, sein Respekt vor anderen Meinungen ließen ihn für diese Rolle prädestiniert erscheinen. Der Name Frings war sozusagen ein Qualitätssiegel. Öfters kam es vor, dass bedeutende Gestalten des Konzils ihre Mitwirkung an einer Initiative davon abhängig machten, dass Kardinal Frings dabei war beziehungsweise dass sie unbedenklich einer Sache beitraten, wenn sie erfuhren, dass sie von ihm ausging. Solche Vorgänge geschahen im Stillen; ihr Grundanliegen war immer dasselbe – die Einheit des Konzils untereinander sowie die Einheit zwischen Konzil und Papst zu wahren, um die wesentlichen Aufgaben der Kirchenversammlung in wahrhaft katholischer Weite und Einmütigkeit zu erfüllen.

Alles bisher Gesagte ist verhältnismäßig formal geblieben; von den inhaltlichen Positionen des Kardinals war noch kaum die Rede. Sie darzustellen würde den Rahmen eines kleinen Beitrags für eine Festschrift bei weitem sprengen; denn dazu müsste man die gesamte theologische Problematik der von Frings angesprochenen Konzilstexte vorlegen, in deren Rahmen allein seine Voten verständlich werden können. So muss hier wieder eine mehr formale Anmerkung genügen.

Wer das ganze Bündel der Reden des Kölner Erzbischofs liest, wird wohl vor allem über die vielfältigen Nuancen, über die innere Spannweite dieser Texte erstaunt sein. Er wird sehen, wie wenig man ihnen gerecht werden kann, wenn man sie in ihrer Richtung unter ein einziges Etikett, etwa dasjenige des Progressiven bringen möchte. Das grundlegende Votum für die Liturgiekonstitution geht zum Beispiel von der Feststellung aus, dieser Entwurf sei „gleichsam das Testament Papst Pius XII." und es schließt mit dem Aufruf: „Im Übrigen halte ich dafür, dass es ein nobile officium – eine Verpflichtung der Noblesse – für dieses Konzil sei, die vom verstorbenen Papst begonnene liturgische Erneuerung zu einem glücklichen Ende zu führen." Es lohnt sich wohl, heute über solche Sätze nachzudenken und sich damit den Geist zu vergegenwärtigen, in dem die Zustimmung zu dem Textentwurf über die Liturgie erfolgt ist.

Was die eigentlich theologischen Reden angeht, so findet man in ihnen eine entschiedene Opposition dagegen, neuscholastische Systematik zu kirchlicher Lehre zu erheben; Frings ging so weit zu sagen, „eine solche Weise des Vorgehens sei nicht wahrhaft katholisch". Auf dieser Linie ließe sich vieles anführen; man muss aber hinzufügen, dass derselbe Kardinal sich in drei Reden zur Pastoralkonstitution über die Kirche in der Welt von heute – am 27. Oktober 1964, am 24. September 1965 und am 5. Oktober 1965 – genauso entschieden gegen die Dogmatisierung einer seichten Fortschrittsideologie wandte.

In den ersten dieser Reden sagte er: „Das Mysterium von Kreuz und Auferstehung scheint in unserem Schema nicht das ihm zukommende Gewicht zu haben ... . Der wahre und absolute Fortschritt der Menschheit geschieht da, wo Glaube, Hoffnung und Liebe wachsen ..." Sehr viel schärfer ist dann die Rede vom 24. September 1965, in der es unter anderem heißt: „Hier gibt es eine höchst gefährliche Konfusion zwischen dem menschlichen Fortschritt, der als Absicht des Dialogs bezeichnet wird, und dem göttlichen Heil, das im Glaubensgehorsam aufgeht. Man braucht sich nicht zu verwundern, dass diese Konfusion den ganzen Text durchzieht, nachdem seine Absicht in einer so konfusen Weise umschrieben wird ... Einzelne Änderungen hier und da reichen daher nicht aus; der ganze Text muss substantiell umgearbeitet werden."

Was schließlich die Reformreden angeht, so kann man eine ähnliche und in derselben Einstellung begründete Spannweite beobachten. Hierher gehört die bekannteste Konzilsrede des Kardinals, in der die kuriale Praxis mit einer bisher unbekannten Schärfe kritisiert wurde: Die Vorgehensweise, die da bestehe,

Konzilsteilnehmer

entspreche in vielem nicht mehr unserer Zeit, sie gereiche der Kirche zum Schaden und sei für viele ein Ärgernis. Aber hierher gehört auch das bereits besprochene Votum zur Frage der Bischofskonferenzen, eine sehr differenzierte Stellungnahme zu einigen ökumenischen Problemen und manches andere.

Ich möchte schließen mit dem Hinweis auf eine Rede, die keinen spezifisch theologischen oder reformerischen Anspruch erhob; es war wohl die einfachste Rede des Kardinals und eine der einfachsten Reden des Konzils überhaupt, und dennoch lässt gerade sie etwas von der besonderen Stellung erkennen, die dem fast erblindeten Erzbischof von Köln immer mehr zugewachsen war. Ich meine das am 18. September 1964 vorgetragene Votum zu dem Text über die Gottesmutter.

Angesichts dieses Themas war eine der besonders schwierigen Situationen entstanden, in der das Konzil hoffnungslos auseinanderzubrechen drohte. In den ausführlichen Relationen, die die Kardinäle Franz König (Wien) und Santos Rufino (Manila) vorgetragen hatten, waren die gegensätzlichen Positionen deutlich geworden, die die Kirchenversammlung in zwei annähernd gleich starke Hälften teilten. Den einen schien der vorgelegte Text viel zu schwach, „minimalistisch“, beinahe ein Attentat auf die Ehre der

Heiligen Jungfrau. Den anderen erschien er viel zu stark, aus einer biblisch bestimmten ökumenischen Perspektive heraus kaum zumutbar. Beide Male waren leidenschaftliche Emotionen im Spiel, die durch Gründe nicht zu bändigen waren: Was es an Gründen gab, war längst aufgeboten worden.

Wo die Gründe am Ende waren, konnte nur noch eine Auctoritas helfen: eine Stimme, der alle vertrauten. Kardinal Frings hatte sie, und wohl nur er. Ihm glaubten die einen die Wärme einer tiefen katholischen und marianischen Frömmigkeit, die anderen die Sachlichkeit eines verlässigen theologischen Urteils. So war es wie eine Erlösung, als sich endlich der Kölner Erzbischof zu Worte meldete und beide Seiten des Plenums beschwor, sich um der Einheit willen zu überwinden und den vorliegenden Text anzunehmen, der gewiss nicht alle Wünsche erfülle, aber von jedem guten Gewissens vertreten werden könne. Natürlich blieb das für beide Seiten eine Überwindung, aber der Aufruf von Frings führte sie aus ihrer Erstarrung heraus und gab dem Konzil die Einheit zurück.

Pater Balic, der große Mariologe aus dem Franziskanerorden, war ergriffen und dankbar ob dieses Votums, weil ihm deutlich geworden war, dass es den Weg zu einer fruchtbaren Entscheidung geöffnet hatte. Man spürte, dass eigentlich alle auf ein Wort von Frings gewartet hatten, und das ist wohl die beredteste Antwort auf die Frage nach seiner Stellung im Zweiten Vatikanischen Konzil.

* Erstveröffentlichung in: Dieter Froitzheim (Hg.), Kardinal Frings – Leben und Werk, 2. Auflage, Wienand-Verlag, Köln 1980, S. 191 - 204.

Joseph Kardinal Höffner

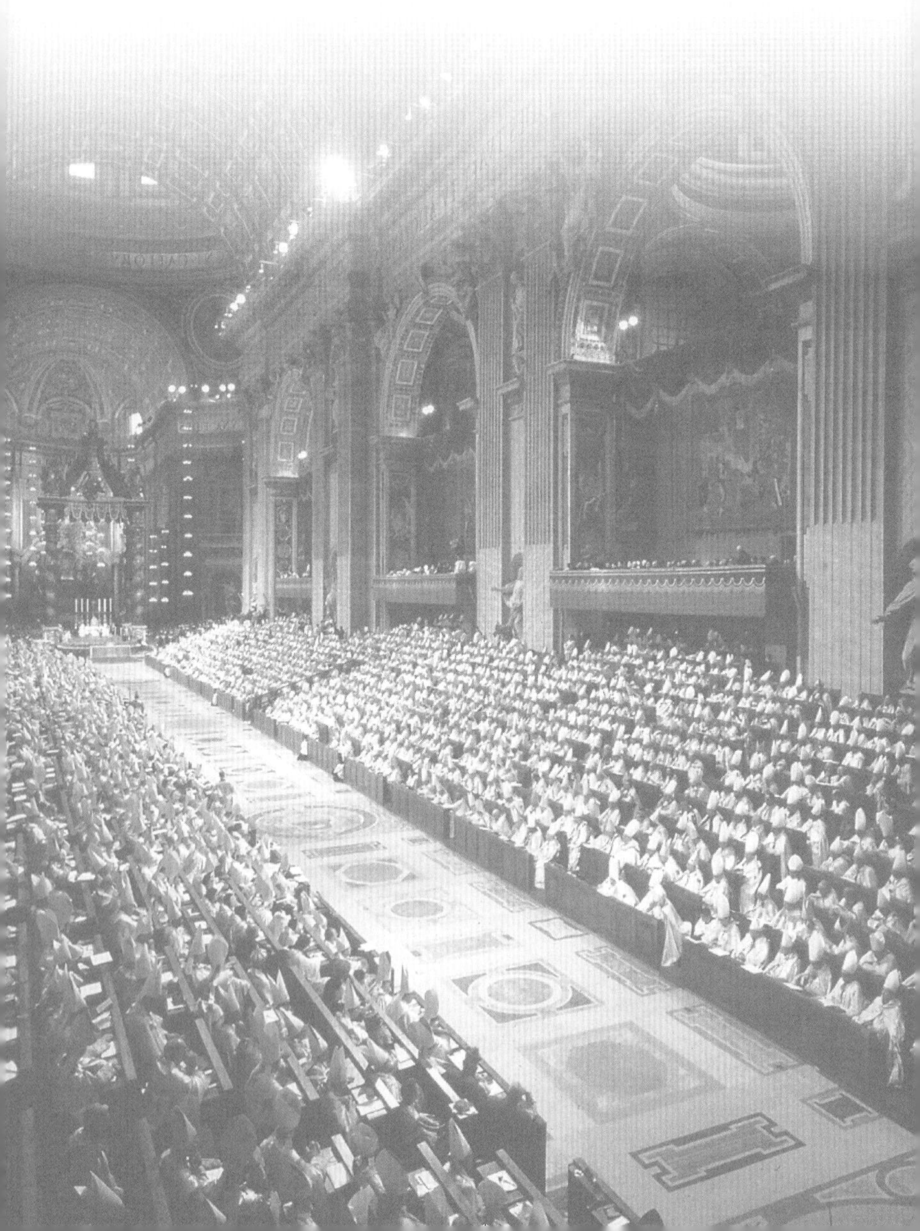

Joseph Kardinal Höffner – Kurzvita

Hans Nitsche

Keine Frage: Joseph Kardinal Höffner war einer der bedeutendsten Kardinalerzbischöfe in der Domstadt am Rhein. Der vierfach promovierte Theologie- und Wirtschaftswissenschaftler lehrte von 1951 bis 1962 das Fach „Christliche Sozialwissenschaften" an der Universität Münster, bis er 1962 zum Bischof von Münster ernannt wurde. Im selben Jahr erschien sein Standardwerk „Christliche Gesellschaftslehre", das inzwischen in unzählig viele Sprachen übersetzt wurde und bis heute aktuell ist. Neben dem Jahr 1962 war das Jahr 1969 ein besonderes Jahr für den Münsteraner Bischof: Im Januar 1969 wurde er Koadjutor des Erzbischofs von Köln, im Februar endgültig Kölner Erzbischof und im April desselben Jahres zum Kardinal erhoben. Bis zu seinem Tod 1987 blieb er Kardinalerzbischof von Köln und von 1976 bis 1987 zusätzlich Vorsitzender der Deutschen Bischofskonferenz.
Joseph Höffner wurde am 24. Dezember 1906 in Horhausen im Westerwald als ältester Sohn des Landwirts Paul Höffner und seiner Ehefrau Helene geboren. Ihm folgten fünf Schwestern. Als Joseph neun Jahre alt war, verloren die Kinder ihre Mutter. In zweiter Ehe wurden seinem Vater noch zwei Söhne geboren.
Von 1919 bis 1922 besuchte Höffner das nahegelegene Kaiser-Wilhelm-Gymnasium in Montabaur und ab 1922 das humanistische Friedrich-Wilhelm-Gymnasium in Trier, wo er 1926 die Reifeprüfung ablegte. Höffner entschied sich nach vielen Gesprächen mit dem Horhausener Pfarrer Theologie zu studieren und wurde noch im selben Jahr vom Trierer Bischof an die Päpstliche Universität Gregoriana nach Rom geschickt. Bereits 1929 wurde er zum Doktor der Philosophie promoviert. Drei Jahre später (am 30.10.1932) wurde er zum Priester geweiht, blieb aber in Rom, und erwarb zwei Jahre später auch den theologischen Doktorgrad. Weil die Nationalsozialisten das römische theologische

Doktorat nicht anerkannten, zog er nach Freiburg und promovierte erneut mit einer Arbeit über „Bauer und Kirche im deutschen Mittelalter". Gleichzeitig begann er in Freiburg ein Studium der Volkswirtschaftslehre, das er 1939 als Diplom-Volkswirt abschloss. Ein Jahr später erwarb er auch noch den „Dr. rer. pol." und begann seine Habilitation, die er 1944 abschloss.
Daneben war der Wissenschaftler Joseph Höffner auch noch Seelsorger: Er wirkte von 1934 bis 1937 in Saarbrücken, und von 1939 bis 1943 in der kleinen Gemeinde St. Bartholomäus in Kail an der Mosel. Von 1943 bis 1945 war er Stadtpfarrer der neu gegründeten Arbeiterpfarrei Heiligkreuz in Trier.
1945 wurde Joseph Höffner Professor für Pastoraltheologie und Christliche Soziallehre am Priesterseminar in Trier und sechs Jahre später Ordinarius für Christliche Sozialwissenschaften an der Universität Münster. In dieser Eigenschaft wurde er ein viel gefragter Ratgeber für unterschiedliche Gremien und bis 1962 „Geistlicher Berater" des Bundes Katholischer Unternehmer. 1951 gründete er zudem das Institut für Christliche Sozialwissenschaften und wurde – ebenfalls bis 1962 – dessen erster Direktor.

Die Bischöfe Höffner und Cleven

1962 wurde der Professor von Papst Johannes XXIII. zum Bischof von Münster berufen. Die Bischofsweihe erfolgte am 14. September 1962. Naheliegenderweise stand am Anfang seines bischöflichen Wirkens die Teilnahme am Zweiten Vatikanischen Konzil, bei dem er sich insbesondere in der Kommission für Erziehung und Bildung hervortat. Ende 1968 bestellte ihn Papst Paul VI. zum Koadjutor des fast völlig erblindeten Erzbischofs Josef Kardinal Frings in Köln. Innerhalb weniger Monate wurde Höffner dessen Nachfolger und zugleich Mitglied des Kardinalskollegiums.

Als der Vorsitzende der Deutschen Bischofskonferenz Julius Kardinal Döpfner 1976 überraschend starb, wurde im September Kardinal Höffner zum neuen Vorsitzenden gewählt und 1982 für sechs Jahre wiedergewählt. Zu den besonderen Ereignissen seines Pontifikats zählten die beiden Pastoralbesuche von Papst Johannes Paul II. in Deutschland bzw. besonders in Köln (1980 und 1987), bei dem am 1. Mai 1987 im Müngersdorfer Stadion die Seligsprechung von Edith Stein stattfand.

Sowohl als Kölner Erzbischof wie als Vorsitzender der Deutschen Bischofskonferenz fühlte sich Kardinal Höffner immer als Bischof der Weltkirche. Seine Sprachenkenntnisse und sein sozialpolitisches Verständnis machten ihn ebenso wie sein Engagement für Europa und für die Lösung vieler entwicklungspolitischer Probleme zum idealen Gesprächspartner der Bischöfe in aller Welt.

Im Frühjahr 1987 stellten die Ärzte bei Höffner einen unheilbaren Gehirntumor fest. Sein daraufhin eingereichtes Rücktrittsersuchen nahm der Papst am 14. September 1987 an. Er starb vier Wochen später, am 16. Oktober 1987, im Kölner Hildegardiskrankenhaus und wurde schließlich im Kölner Dom beigesetzt. Er hinterließ seinen Mitchristen einen ergreifenden Abschiedshirtenbrief, der in den Worten gipfelte: „Die Bischöfe kommen und gehen. Christus aber bleibt in Ewigkeit.“

Quelle: Hans Nitsche, Joachim Sikora (Hg.), Joseph Kardinal Höffner – Honnefer Akzente, Bad Honnef 1997.

Kardinal Höffner als Erzbischof von Köln

Interview zwischen Martin Lohmann und Weihbischof Manfred Melzer

Herr Weihbischof, Sie waren als Sekretär des Kölner Kardinals Joseph Höffner fast dreizehn Jahre täglich mit ihm zusammen, haben mit ihm eng zusammengearbeitet. War Joseph Höffner ein großer Kirchenmann? Und wenn ja, warum?

Melzer: Da gibt es nur ein klares Ja. Und dies aus mehreren Gründen. Gestatten Sie mir, dass ich damit beginne, wie er sich selbst in der Pflicht sah, nach dem Tod Rechenschaft beim Guten Hirten abzulegen. Ich zitiere das, weil sich vielleicht hier eine besondere Größe, nämlich die Größe der Demut in einem Menschen zeigt, der zweifellos zu den ganz außerordentlich Gebildeten seiner Zeit gehörte. Hier leuchtet vor uns die Gestalt eines – ich sage das ganz bewusst – großen Kardinals und Lehrers der Kirche auf. Wie sehr sich der Bischof Joseph Höffner der Bedeutung dieser Rechenschaft bewusst war, hat er selbst in seiner wohl größten Predigt, die er nur schriftlich halten konnte, nämlich seinem bereits am 20. Februar 1980 niedergeschriebenen „Abschiedswort" deutlich ausgesprochen:

„Da ich nun vor Ihm Rechenschaft ablegen muss, bitte und beschwöre ich alle Gläubigen des Kölner Erzbistums, in der Liebe und Treue zu Christus und seiner Kirche, die sein Leib ist (Kol 1,24), zu verharren, die Einheit im Glauben – in Gemeinschaft mit dem Nachfolger des hl. Petrus zu bewahren, im täglichen Leben Christus nachzufolgen und durch das christliche Lebenszeugnis die Kirche an jenen Stellen und in jenen Verhältnissen gegenwärtig und wirksam zu machen, wo die Kirche nur durch sie das Salz der Erde werden kann' (II. Vaticanum, LG 33)."

Wissen Sie noch, wo Joseph Höffner diese Worte aufgeschrieben hat?

Es gibt keinen Zweifel darüber, an welchem Ort der Kardinal diese Worte niedergeschrieben hat: An „seinem“ Schreibtisch im Collegio Teutonico, der bis heute ausgerichtet ist auf die Confessio des heiligen Petrus – nur wenige Meter entfernt.

Es gehört für mich zu den glücklichen Fügungen, dass dieses Abschiedswort schon unmittelbar nach seinem Tod am 16. Oktober 1987 gefunden und dem Diözesanadministrator, Weihbischof Hubert Luthe, ausgehändigt wurde. Sofort nach Erhalt des handschriftlichen Textes rief mich der Administrator an und umgehend entschied er den Druck dieses Geistlichen Testamentes als Faksimile sowie die Auslegung in der Basilika St. Gereon, wo nach alter Tradition die Kölner Erzbischöfe aufgebahrt werden und von wo später ihr letzter Weg zur Grablegung im Kölner Dom beginnt.

Für manche sicherlich erstaunlich, gab es damals eine sehr große Schar von Menschen, die von dem verstorbenen Kardinal Abschied nehmen wollten.

Ja. Die Kölner, die in bewegender Weise am drei Monate sich hinziehenden Sterben ihres Erzbischofs Anteil genommen hatten, strömten in nicht endender Prozession vom frühen Morgen bis zum späten Abend zu seinem Katafalk. Viele nahmen noch in der Kirche das „Abschiedswort“ zur Hand, um darin zu lesen. Viele weinten, viele sah ich auch, die sich erschüttert noch einmal in die Schlange der Wartenden einreihten – sie war zeitweise bis zu 1000 m lang -, um ein zweites Mal Abschied zu nehmen. Täglich musste der Text nachgedruckt werden.

Wer war dieser Mann, dessen Sterben so viele Menschen erschütterte, bei dessen Tod der Rundfunk von einem „unwiederbringlichen Geschichtsabschnitt“ sprach, das Magazin „Der Spiegel“ resümierte „Ein Bollwerk ist gefallen“, die Zeitschrift „Publik-Forum“ jedoch beredterweise einfach schwieg?

Als ich Joseph Kardinal Höffner erstmals persönlich begegnete, geschah es unter vier Augen. Es war im Januar 1970. Der Erzbischof war nach Bonn in sein Theologenkonvikt gekommen, um in den Skrutinien darüber zu entscheiden, wer nach bestandenem Examen als Alumnus ins Priesterseminar aufgenommen werden sollte. Aus meiner Erinnerung kann ich keine einzige Frage und keine einzige Antwort aus diesem Gespräch wiederholen. Doch eines ist mir präsent geblieben bis auf den heutigen Tag: das Empfinden, einem Menschen und Bischof begegnet zu sein, der mich kannte. Ich weiß, im Abstand so vieler Jahre klingt dies wie nachträglich hineininterpretiert. Aber es ist nicht so. Ich erinnere mich gut, dass ich noch am gleichen Tag zwei Kommilitonen gegenüber von dieser Empfindung berichtete.

Hatten Sie denn das Gefühl, dass sich Ihr Bischof gut vorbereitet hatte?
Sie spielen auf einen seiner überlieferten Sätze an. Erst später habe ich mir ein genaueres Bild davon machen dürfen, wie gründlich sich Joseph Höffner auf Gespräche vorbereitete – und auf Skrutinien ganz besonders. Den Satz „Wenn man sich nicht gründlich vorbereitet, kann es nur selten gut werden“, habe ich später oft von ihm gehört. Aber da war noch etwas anderes und eigentlich zögere ich, davon zu sprechen.

Sie begegneten also einem Mensch und Priester. Was ist Ihnen denn besonders aus der ersten Begegnung in Erinnerung geblieben? Ist Ihnen etwas aufgefallen, was sich später immer wieder bestätigte?
Oh ja. Unvergessen sind mir aus dieser ersten Begegnung seine Augen geblieben. Er schaute mich nicht nur einfach an, er schaute schon gar nicht durch mich hindurch. Ich hatte den Eindruck, von ihm in einem ganz persönlichen Sinn angeschaut zu werden. Es war beides zusammen: das Empfinden, dieser Bischof sagt weniger als er weiß, und sein Blick. Mancher könnte versucht

sein zu sagen: „Fürchterlich!“. Aber das wäre für mich nicht die Wahrheit. Mir war nicht fürchterlich zumute, eher im Gegenteil. Ich dachte damals: Wenn du ihm etwas anvertraust, bist du in guten Händen, und wenn du ihn enttäuschst, würde er leiden.

Wie kommen Sie denn darauf?
Wenn ich nun doch davon gesprochen habe, hat dies zwei Gründe. Einmal, weil mich immer wieder Priester aus der Diözese und ausländische Bischöfe darauf ansprechen, zum anderen ein Erlebnis, das ich gerne erwähnen möchte.
Während der Visitation in einer Pfarrei wurde ich von einer Frau öffentlich mit folgenden Worten angesprochen: „Herr Bischof, ich weiß, dass Sie viele Jahre der Sekretär von Kardinal Höffner waren. Was ist Ihnen besonders in Erinnerung geblieben?“ Noch bevor ich antworten konnte, fuhr sie fort: „Nicht wahr, es sind ganz gewiss seine Augen. Ich bin ihm einmal begegnet. Ich hatte den Eindruck, er wusste alles von mir.“ Und sie schloss: „Er hat viel mehr von den Menschen gewusst, als wir alle heute Abend zusammen.“

Auf viele Menschen wirkte Joseph Höffner, der Westerwälder, in Köln dennoch etwas unnahbar, er war keiner, der sich medienwirksam verbrüderte. Er war höflich, zuvorkommend, aufmerksam – und konnte doch verlegen sein. Häufig wirkte er auch sehr ernst, selten sieht man ihn auf Fotos lachen, obwohl er doch ausgesprochen sensibel und liebenswürdig war
Wer war dieser Mann, der wohl niemals die Rückenlehne seiner Kathedra in Münster oder Köln auch nur mit dem Rücken berührt hat, nie ein Treppengeländer zur Hilfe nahm, auf fremden Stühlen immer kerzengerade saß, unabhängig davon, ob die Fernsehkameras eingeschaltet waren oder nicht? Wer war er, der zur Verblüffung vieler auch vor Zwanzigjährigen aufsprang? Nie habe ich gesehen, dass er einen Menschen in den Arm nahm – ausgenommen in der Liturgie oder dort, wo es durch allgemeinen Gebrauch geregelt ist. Immer aber bemerkte ich, dass er nicht

nur äußerlich verlegen wurde, wenn – wie damals noch weitgehend üblich – jemand seinen Bischofsring zu küssen suchte. Zeigen ihn, der wirklich herzlich lachen und froh sein konnte, nicht die meisten Fotos als einen ernsten Menschen, wenig ausladend in seinen Bewegungen, selbst dann, wenn er die Arme ausbreitete? War er nicht mehr intro- als extrovertiert?

Auch der heutige Papst und damalige Kardinal Ratzinger ging darauf ein, oder?

Kardinal Joseph Ratzinger hat bei den Exequien im Kölner Dom das eine wie das andere zur Sprache gebracht. Er sagte damals über seinen Mitbruder: „Wer ihn nur von ferne sah, dem mochte er vielleicht eher streng und intellektuell erscheinen. Wer ihm aber in der Nähe begegnete, spürte nicht nur die Gerechtigkeit, sondern die Liebe.“ „Gerechtigkeit und Liebe“ lautete der Wappenspruch Kardinal Höffners.

Doch er suchte nie den Jahrmarkt, die Hektik oder die Bühne, nicht wahr?

Joseph Höffner liebte die Zurückgezogenheit und die Stille. Ohne sie konnte er sich weder ein vertieftes Denken, noch ein wirkliches Gebetsleben als Übereignung an Gott vorstellen. Dennoch liebte er von seinem ganzen Wesen her die Begegnung mit den Menschen. Um dies zu begründen, möge er selbst zu Wort kommen. Die Quelle findet sich in einem 1986, ein Jahr vor seinem Tod, veröffentlichten Beitrag in einem Sammelband mit der Überschrift „Mein Elternhaus – ein deutsches Familienalbum“:
„Zwanzig schöne Jahre meines Lebens“, so lesen wir dort, „war ich dem Heimatdorf verbunden und empfing von hier wesentliche Prägung. Besonders meinen Heimatpfarrern verdanke ich viel.“
„Gleichstark“, bemerkt er einige Zeilen später, „prägte mich die Landschaft“, von der er schreibt: „Die stille Schönheit der Wälder und Täler des Westerwaldes suchte und sucht noch heute ihresgleichen.“

Ist dies eine zufällige Reihenfolge, die Höffner da wählte?

Wer Joseph Höffner kennt, weiß, dass die Reihenfolge zugleich eine Wertung bedeutet: Erst kommt der Ort mit seinen Menschen in Familie und Nachbarschaft, dann die Natur. Joseph Höffner war bei aller Zurückhaltung und Behutsamkeit zuerst den Menschen zugetan. Man könnte sagen: Was er liebte, zog er nicht an sich heran, sondern nahm er sich zu Herzen.

Oft hat er von den corda et viscera gesprochen, um jenen Bereich ins Wort zu bringen, in dem der Mensch Gott und dem Nächsten begegnet. Was der Mensch dort empfindet, war für ihn mehr als eine Gemütsbewegung. Höffner meinte damit jene Mitte im Menschen, wo die Sinnfrage in unserem Innersten zu Hause ist. Auch dafür gibt es in diesem Beitrag einen Beleg, der uns vielleicht mehr als alles, was von diesem Mann zu berichten ist, deutlich machen kann, wie tief er in Gott gründete.

Was hat ihn, den späteren Hirten und Kirchenlehrer, denn vor allem geprägt?

Es ist bekannt, dass Joseph Höffner erst neun Jahre alt war, als seine Mutter starb. Kurz danach starb die Schwester seiner Mutter, dann noch ein Schwager, so dass es in der weiteren Familie zwanzig Halbwaisen gab. Höffner merkte dazu an: „Was das bedeutet, lässt sich kaum in Worte fassen.“ Und dann kommt der inzwischen fast achtzigjährige Sohn noch einmal eigens auf den Tod der Mutter zurück: „Was der Tod der Mutter für meinen Lebensweg bedeutet hat“, schreibt er, „kann ich nicht, noch nicht sagen.“ – Noch nicht sagen? Der Mann hatte doch sein Leben gelebt, er hatte doch schon die Ernte seines Lebens eingebracht! Wenn nicht jetzt, wann wollte er es sagen und deuten? Höffner fährt fort:

„Das erste von mir selbst geformte Gebet... habe ich an dem Abend gesprochen, an dem meine Mutter starb. Ich war draußen vor dem Fenster ihres Sterbezimmers. Meine Mutter und ich verstanden uns gut, und dann hörte ich sie jammern. Sie litt fürchterliche Schmerzen. Da habe ich gebetet: „Gott, sie muss so viel leiden. Nimm sie zu dir."

Betet so ein Kind, das doch eigentlich nichts anderes wünschen kann, als seine Mutter zu behalten?
Kritische Fragen dieser Art zu stellen, ist in unserer indiskreten Zeit Mode. Aber ist wirklich Zweifel erlaubt? Der spätere Bischof hat immer wieder in einem Bild zu deuten versucht, was es mit den Rätseln des Lebens auf sich hat. Zahllos sind seine Ansprachen, in denen er bekannte:
„Über unserem Leben, unserer Welt steht ein Sinn, dieser Sinn ist weder das Nichts noch die Verzweiflung, sondern Gott. Gewiss, es mag scheinen, als sei alles sinnlos. Unser Leben kommt uns manchmal vor wie ein Teppich, der auf der falschen Seite liegt. Wir sehen nur wirre Fäden und Knoten durcheinander. Aber zur Zeit, die Gott bestimmt, wird er uns den Teppich auf der richtigen Seite zeigen, und wir werden das sinnstiftende Wirken seiner Vorsehung erkennen. Gott hat uns in seine Hände geschrieben (vgl. Jes 49, 15-16), und Gottes Hände sind gute Hände."

Höffner als nüchterner Denker?
Der nüchterne Denker, der Gelehrte, der Wissenschaftler bekennt: Letzte Antworten findet der Mensch nicht in sich selber. Auch das eigene Ich bleibt ein Geheimnis. Eine letzte Antwort muss dem Menschen von einem anderen, von Gott gesagt werden. Er ist es, der den Teppich wendet. Darum auch fügte er, wenn er in seinen Predigten vom Tod sprach, stets hinzu: „Es gibt ein Leben, unser irdisches Leben, das noch gar nicht das wahre Leben ist, und es gibt einen Tod, unseren menschlichen Tod, der nicht in jeder Hinsicht tötet und trennt."

Woraus lebte Joseph Höffner? Was war ihm wirklich wichtig? Worauf konzentrierte er sich Ihrer Beobachtung nach besonders?

Kardinal Höffner lebte bis in sein eigenes Sterben hinein von der Gewissheit der Zukunft, auf die wir alle zugehen, von der Verheißung Christi: „Ich werde wiederkommen und euch holen, damit auch ihr dort seid, wo ich bin“ (Joh 14,3 b). In unerschütterlichem Glauben war für ihn diese Zukunft durch die Auferstehung Christi bereits angebrochen. Er liebte jenes Wort aus dem 138. Psalm, mit dem der Introitus vom Ostersonntag beginnt: „Resurrexi et adhuc tecum sum, alleluja – auferstanden bin ich und ich bin nun immer bei dir, alleluja.“ Dem entspricht sein Bekenntnis, in dem nun schon mehrfach zitierten Beitrag: „Er (Gott) weiß, was für uns gut ist.“ Dies predigte er nicht, dies lebte er. Erst in der Ewigkeit wird die Antwort gegeben, auf die der Achtzigjährige noch nicht antworten kann. Dort wird er wissen, was das alles bedeutet.

Zum Ende seines irdischen Lebens musste er selbst viel leiden. Er bekam eine tödliche Krankheit, die ihm auch veränderte. Wie ging er jenseits öffentlicher Bilder damit um?
Kaum merkbar setzte zu Beginn des Jahres 1987 bei Joseph Höffner eine Veränderung ein, die ich zunächst nicht zu deuten vermochte. Noch im Dezember 1986 hatte er als Vorsitzender der Deutschen Bischofskonferenz eine äußerst strapaziöse Reise rund um die Welt gemeistert, die ihn in fast alle Staaten Zentralamerikas und weiter bis nach Japan und auf die Philippinen geführt hatte. Bescheiden im Auftreten, aber bis zum Äußersten mutig, hatte er den Zugang zu den Regierenden jener Länder gesucht und gefunden. Machthabern von rechts oder links sprach er eindringlich ins Gewissen, forderte hier den Zugang der Priester zu den marodierenden Truppen der Herrschenden, dort die Reform und Auflösung riesiger Latifundien, besuchte Waisenhäuser und wagte sich bis in die dunkelsten Ecken der Slums der Vorstädte hinaus, um eigenhändig Reissäcke und Liebesgaben zu verteilen. Noch stärker, als in den Jahren zuvor erlebte ich auf dieser Reise Kardinal Höffner als einen

Bischof, der sich nicht nur zu den Menschen in seinem Bistum oder in seinem Land gesandt wusste, sondern in seiner Person selbst lebte, was er so oft verkündet hatte: „In der Kirche gibt es kein Ausland." Hätte man mich gefragt, was eigentlich katholisch sei, ich hätte, um ein Wort des hl. Augustinus abzuwandeln, antworten können: „Lebe mit diesem Mann ein Jahr zusammen und du weißt es."

Zurückgekehrt stand die Feier zur Vollendung seines achtzigsten Lebensjahres an. Aus aller Welt waren Vertreter der Weltkirche, an ihrer Spitze der Kardinalstaatssekretär, und höchste Repräsentanten des öffentlichen Lebens nach Köln gekommen. Das für mich bewegendste Wort sprach gleichsam vom anderen Ende des Erdballs der Erzbischof von Tokyo, der heutige Kardinal Peter Seiichi Shirayanaji, der die Worte fand: „Die Zeit scheint flüchtig. Das aber ist ein Irrtum. Die Spuren der Liebe sind nicht flüchtig, denn wir wissen, was Kardinal Höffner für uns getan hat."

Kardinal Höffner mit Kardinal Ratzinger und seinem damaligen Sekretär Manfred Melzer (links)

Wissen Sie noch, was der damalige Kardinal formulierte?
Leider wenig beachtet sind jene drei Merksätze geblieben, die Höffner mit Blick auf seinen Geburtstag in einem Zeitungsinterview als „Erfahrungen seines Lebens" formulierte. Auf seinen Namenspatron angesprochen, erwähnte er drei Lehren, die der heilige Joseph ihm erteilt habe:
Erstens: Es ist richtig nicht selber Vorsehung spielen zu wollen, sondern auf den Ruf Gottes zu hören, ihn auf sich zukommen zu lassen, dann aber nicht zurückzuweichen.
Zweitens: Richtig ist fast immer der schwerere Weg.
Drittens: Richtig ist fast immer das Unzeitgemäße, nicht der Konformismus.

Nicht im Sinne einer Engführung, wohl aber wissend, von wem der Kardinal mit diesen Worten besonders verstanden zu werden wünschte, wage ich zu behaupten, dass diese Erfahrungen besonders seinen Priestern zugedacht waren. Ausdrücklich möchte ich betonen, dass damit keine Zurücksetzung der ihm anvertrauten Gläubigen gemeint ist. Wie sehr er allen zugetan war, zeigte sich in seiner geradezu unglaublichen Diskretion. Wer ihm persönlich etwas anvertraute, konnte sicher sein, dass die Vertraulichkeit nicht gebrochen, schon gar nicht missbraucht wurde.

Es ist nicht bekannt, dass er jemals das in ihn gesetzte Vertrauen missbrauchte, auch nicht andeutungsweise?
Davor schützte den Kardinal eine besondere Fähigkeit, besser ausgedrückt eine Unfähigkeit, die für mich bis heute nur in einem Zusammenspiel von Natur und Gnade begriffen werden kann. Ich meine jene „Unfähigkeit", einen Menschen persönlich anzugreifen oder gar zu diskreditieren. Damit ist nicht jene Gemütslage gemeint, die man so deuten könnte, als ob er selbst gegen Verletzungen und persönliche Angriffe unempfindlich gewesen sei. Im Gegenteil!

Aber er fühlte und wusste sich doch auch angegriffen. Wie handhabte das Kardinal Höffner?
Ich erinnere mich mancher schmerzlichen Stunde, in der er zutiefst angefochten war, meist äußerlich daran erkenntlich, dass sich auf Stirn und Wangen rote Flecken zeigten. Aber auch dann, oder gerade dann galt jenes merkwürdige Wort, das seine Schwester Maria immer wieder über Joseph Höffner sagte: „Mein Bruder schlägt mit Güte zurück." Für mich vermischen sich bis auf den heutigen Tag diese Stunden immer mit jenen, in denen ich Joseph Höffner betend erleben durfte: bei der frühmorgendlichen Konzelebration in seiner Hauskapelle, am Heiligen Abend vor der Weihnachtskrippe in seinem Haus, bei Augenblicken von ganz besonderer Bedeutung:

- mit dem Heiligen Vater im Kölner Dom vor dem Dreikönigsschrein,
- mit einer Delegation der Deutschen Bischöfe im Hungerbunker von Maximilian Kolbe in Auschwitz,
- mit Frauen und Kindern betend in den Slums von San Salvador,

um nur Weniges zu nennen. Und immer erinnere ich mich jenes Gebetes des hl. Ignatius von Loyola, das er so besonders liebte: „Nimm hin, o Herr, meine ganze Freiheit. Nimm an mein Gedächtnis, meinen Verstand, meinen ganzen Willen. Was ich habe, ich besitze, hast du mir geschenkt. Ich gebe es dir wieder ganz und gar zurück und überlasse alles dir, dass du es lenkst nach deinem Willen. Nur deine Liebe schenke mir mit deiner Gnade. Dann bin ich reich genug und suche nichts weiter."

Kardinal Höffner, darauf haben Sie einmal hingewiesen, wünschte sich besonders, von seinen Priestern verstanden zu werden. Warum?
Als der verstorbene Kardinal in der Basilika St. Gereon aufgebahrt war, hatten wir ihm jenen Rosenkranz in seine Hände gelegt, den ihm zehn Jahre zuvor das einzig noch lebende

Seherkind von Fatima, die inzwischen hochbetagte Schwester Lucia, 1977 geschenkt hatte. Es war der persönliche Wunsch des Erzbischofs gewesen, bei seiner Reise nach Fatima Schwester Lucia in ihrem Kloster in Coimbra aufzusuchen. Lucia empfing ihn mit großer Herzlichkeit. Nach einigen Minuten zogen sich beide zu einem Gespräch unter vier Augen zurück, während ich draußen wartete. Auf der Rückfahrt war der Kardinal sehr still. Nur zögernd traute ich mich, die Stille im Wagen mit einer Frage zu brechen und suchte nach einem Umweg, der meine Neugierde verbergen sollte: „Herr Kardinal, Sie schauen so weit aus dem Fenster. Sehen Sie etwas?" Nach einer Pause antwortete er: „Ja, ich sehe unsere Priester. Ich habe Schwester Lucia gefragt, was heute für einen Bischof die wichtigste Aufgabe sei. Sie hat mir geantwortet: 'Sorgen Sie sich um gute Priester, dann wird alles gut.'" Ich weiß nicht, wie oft Kardinal Höffner jenen Rosenkranz, der ihm als Grabbeigabe mitgegeben wurde, für seine Priester gebetet hat, doch dass er ihn gebetet hat, ist gesicherte Wahrheit.

Es ist mir kaum möglich, von dieser Begegnung in Coimbra zu berichten, ohne besonders an jene schmerzlichen Stunden zu denken, wenn ein Priester ins Haus gebeten war, der im Begriff stand, sein Amt aufzugeben. Meist war es zu einem Zeitpunkt, von dem man wusste „omnia parata – alles ist gelaufen". Vor solchen Begegnungen litt Joseph Höffner an Leib und Seele. Buchstäblich auf den Knien betend hat er sich auf diese Gespräche vorbereitet. Es war, als ob er kein Wort sagen oder unterlassen wollte, das nicht zuvor mit dem Herrn durchgebetet war. Nie habe ich einen von denen, die gehen wollten, etwas über den Inhalt dieser Begegnungen erzählen gehört. Aber ich habe manchen Priester anschließend weinend aus dem Haus gehen sehen. Einmal rief mich ein ehemaliger Mitbruder am selben Abend an und sagte: „Das habe ich nicht gewusst, dass er so leiden würde. Wäre ich doch nur früher zu ihm gegangen!"

„Gott weiß, was gut für uns ist", schreibt Kardinal Höffner in Erinnerung an seine Kindheit.

Dieses Vertrauen leuchtet am Ende seines Lebens noch einmal in bewegender Weise auf. Wenige Wochen vor seinem Tod, am 14. September, dem Fest Kreuzerhöhung, durfte der Kardinal auf den 25. Jahrestag seiner Bischofsweihe zurückblicken. An der großen Feier im Kölner Dom persönlich teilzunehmen, erlaubte die fortgeschrittene Krankheit nicht. Wohl aber ließ er in Vorbereitung auf diesen Tag ein Gedenkbildchen drucken, das auf der Vorderseite jenen Hirtenstab des Papstes zeigt, den dieser ihm im Mai desselben Jahres nach der Seligsprechung Edith Steins als eine ganz außerordentliche Anerkennung höchster Wertschätzung als persönliches Geschenk überreicht hatte. Bei der Gestaltung der Texte bat der inzwischen schreib- und sprechbehinderte Kardinal um meine Mithilfe. In einer Aufzählung der Stationen seines Lebens unter dem Zeichen des Kreuzes schreibt er auf die Zukunft blickend: „Im Zeichen des Kreuzes lege ich mein Leben in Gottes Hände, und Gottes Hände sind gute Hände." Er

Joseph Kardinal Höffner

formulierte dann unter größten Mühen einen Satz, der die Tiefe und Weite seines Herzens erkennen lässt:
„Ich bitte alle, mit mir Gott, dem Herrn, zu danken für seine gütige Führung. Helft mir beten, dass auch die letzte Spanne meines Lebens für mich zum Heil werde, denn man stirbt nicht an einem Leiden, sondern dann, wenn nach Gottes Willen ein irdisches Leben zu Ende geht."

Joseph Höffner liebte seine Kirche – trotz allem, oder gerade deswegen. Beschreiben Sie doch diese Haltung, die Sie ja aus nächster Nähe miterleben durften.
Der Priester und Bischof Joseph Höffner hat die Kirche geliebt und ihr gedient, weil er Jesus Christus liebte und den Menschen zugetan war. In einer ersten Würdigung nach dem Rücktritt des Kardinals am 14. September 1987 schreibt der zum Diözesanadministrator gewählte dienstälteste Kölner Weihbischof und spätere Bischof von Essen, Hubert Luthe:
„Man kann in Kreise kommen, in denen es fast zur Übung geworden ist, sich gegenseitig zu versichern, dass man an der Kirche leide. Kardinal Höffner leidet nicht an der Kirche. Er leidet mit der Kirche und für die Kirche. Er sieht in der Kirche den Leib Christi, den fortlebenden Christus. Deshalb sieht er das Böse und die Sünde in der Kirche nicht mit den Augen des auf Abstand Bedachten, der sich fortstiehlt, wenn das eigene Quartier beschossen wird, sondern mit dem Herzen des Betroffenen, der mitleidet und mitträgt." Luthe fährt schließlich fort: „Er hat nie für sich den Titel ‚Vater' in Anspruch genommen, aber er ist uns Vater geworden. Deshalb wird sein Abschiedswort, in dem er uns so bewegend die Liebe zur Kirche vor Augen stellt, nicht ohne Frucht bleiben."
In jenem Wort hat der Kardinal geschrieben: „Mein Abschied von Euch bedeutet keine Trennung." Wie lautete doch das Echo vom anderen Ende der Erde? – „Die Zeit scheint flüchtig. Das ist aber ein Irrtum. Die Spuren der Liebe sind nicht flüchtig..."

Joseph Kardinal Höffner und die Christliche Soziallehre

Peter Schallenberg

Über den deutschsprachigen Raum hinaus gehört Joseph Kardinal Höffner (1906 – 1987) unbestritten zu den bedeutendsten Vertretern der christlichen Soziallehre. Bereits zu Lebzeiten wurde seine 1962 erstmals publizierte „Christliche Gesellschaftslehre“, ein Lehrbuch, das ohne Übertreibung zu den Klassikern der katholischen Soziallehre gezählt werden darf, in acht fremdsprachlichen Übersetzungen herausgegeben, mittlerweile sind es dreizehn. Die Arbeit „Christentum und Menschenwürde. Das Anliegen der spanischen Kolonialethik im Goldenen Zeitalter“, mit der sich Höffner 1944 an der Universität Freiburg habilitierte (allerdings nicht im Fach Christliche Gesellschaftslehre, sondern in der Moraltheologie, jenem Fach, aus dem die Christliche Gesellschaftslehre Ende des 19. Jahrhunderts hervorging) fand in spanischer und portugiesischer Sprache weite Verbreitung in Lateinamerika.
Sucht man nach einem Leitmotiv des vierfach promovierten Theologie- und Wirtschaftswissenschaftlers Joseph Höffner, so wird man bereits in seiner ersten theologischen Dissertation fündig, die er im Jahr 1934 an der Päpstlichen Universität Gregoriana in Rom unter der Anleitung seines Lehrers P. Arthur Vermeersch SJ (1858 – 1936) einreichte. Sie trägt den Titel: „Soziale Gerechtigkeit und soziale Liebe. Versuch einer Bestimmung ihres Wesen“.[1] Wichtig erscheint hier die Verbindung beider Prinzipien, die sich einander nicht ausschließen, sondern ergänzen, zusammen wirken, sich gegenseitig stützen und erst in ihrer Verbundenheit den Bestand und die Entfaltung der

1 Joseph HÖFFNER, Soziale Gerechtigkeit und soziale Liebe. Versuch einer Bestimmung ihres Wesens, Saarbrücken 1935.

menschlichen Gesellschaft sichern.[2] Soziale Gerechtigkeit ist für Höffner keine vierte Form von Gerechtigkeit, die der traditionellen aristotelisch-thomanischen Trias von Gerechtigkeit (justitia commutativa, justitia distributiva, justitia legalis) einfach hinzugefügt wird. Sie ist vielmehr identisch mit der „richtig verstandenen legalen Gerechtigkeit“[3], die auf die Schaffung des Gemeinwohls, auf eine gerechte Gesellschafts- und Rechtsordnung ausgerichtet ist. Höffner aber ist sich sicher, dass eine auf „strenge Rechtsforderungen“ begrenzte Gerechtigkeit nicht ausreicht. Diese habe sogar „etwas Hartes, Trennendes an sich; sie ist ihrem Wesen nach unabhängig von Gefühl und Neigung.“[4] Erst wenn unter den Menschen die sittliche Tugend der sozialen Liebe herrscht, die Höffner in Anlehnung an die Sozialenzyklika Pius XI. Quadragesimo anno als Seele aller staatlichen und gesellschaftlichen Ordnung bezeichnet, wird die soziale Gerechtigkeit vervollkommnet.[5]

In nur leichter Abwandlung findet sich der Titel von Höffners erster Promotionsschrift in seinem Wahlspruch „Justitia et caritas“ wieder, unter den er sein Wirken als Bischof von Münster (1962 – 1969) und, darauf folgend, als Erzbischof von Köln (1969 – 1987) stellte. Höffner verband damit „in kluger Weise sein bisheriges Engagement mit dem nun anstehenden Hirtendienst.“[6] Beides, das sozialethisch-wissenschaftliche,

---

2 Vgl. Joseph Kardinal HÖFFNER, Christliche Gesellschaftslehre, neu hrsg., bearbeitet und ergänzt von Lothar ROOS, Kevelaer 1997, 84f.

3 Vgl. ebd.

4 Höffner, Soziale Gerechtigkeit und soziale Liebe, a.a.O., 101.

5 Vgl. ebd. 100; vgl. auch: Höffner, Christliche Gesellschaftslehre, a.a.O., 85f.

6 Paul Josef Kardinal CORDES, Iustitia et caritas. Der Wahlspruch Joseph Kardinal Höffners im Licht der ersten Enzyklika Papst Benedikts XVI. Deus caritas est, in: Nils Goldschmidt / Ursula Nothelle-Wildfeuer (Hg.), Freiburger Schule und Christliche Gesellschaftslehre. Joseph Kardinal Höffner und die Ordnung von Wirtschaft und Gesellschaft (Untersuchungen zur Ordnungstheorie und Ordnungspolitik 59), Tübingen 2010, 347-359, hier: 347.

aber bei Höffner nie rein theoretische, sondern durchaus auch praktisch-konkret zu verstehende Engagement, und der Verkündigungsauftrag der Kirche gehörten für den Wissenschaftler und Bischof stets untrennbar zusammen. Gott selbst, so Höffner 1977 vor der Vollversammlung der Deutschen Bischofskonferenz (deren Vorsitzender er von 1967 – 1987 war), ist durch die Menschwerdung Christi in die Welt eingetreten und somit Teil des geschichtlichen und gesellschaftlichen Lebens geworden.[7] Die Kirche, deren Sendungsauftrag es ist, das in Christus geschenkte Heil allen Menschen zu verkünden, kann daher nicht zu politischen, gesellschaftlichen, kulturellen und wirtschaftlichen Entwicklungen und damit zum Gesamt der sozialen Ordnung schweigen, insbesondere dann nicht, wenn diese Entwicklung die Würde des Menschen und dessen Freiheit einzugrenzen drohten. Die Gegenüberstellung von Kirche und Welt darf deshalb nicht dahingehend missverstanden werden, als seien Kirche und Welt zwei voneinander zu trennende Bereiche, gleichwohl die relative Ordnung der weltlichen Autonomie stets gewahrt bleiben muss. Höffner betont vielmehr die enge Verbindung von Kirche und Welt und die Bedeutung der Kirche für die Welt: „Kirche und Welt durchdringen einander. Die Kirche führt nicht nur – an der Peripherie stehend – einen Dialog mit der Welt, sondern ist heilshaft als ´Sauerteig´(Mt 13,33), als ´Salz der Erde´(Mt 5,13), als ´Samenkorn´(Mt 13,24), als ´Licht der Welt´(Mt 5,14) in der Mitte der Welt gegenwärtig.“[8] Als solche muss die Kirche immer wieder für die Grundnormen von Gerechtigkeit und Liebe eintreten, muss sie verkünden und so an einer gerechten Gesellschaftsordnung mitwirken. Das sei,

---

7 Vgl. Joseph Kardinal HÖFFNER, Bischof Kettelers Erbe verpflichtet. Eröffnungsreferat bei der Herbstvollversammlung der Deutschen Bischofskonferenz 1977 in Fulda, hrsg. vom Sekretariat der Deutschen Bischofskonferenz (Der Vorsitzende der Deutschen Bischofskonferenz 5), Bonn 1977, 10 mit Verweis auf Pius XII.

8 Ebd.

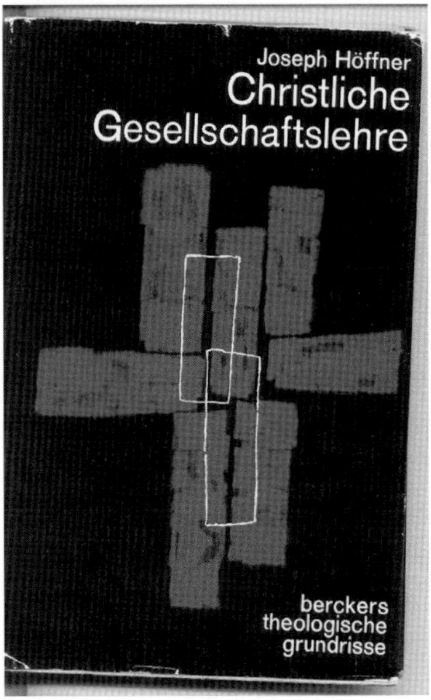

so Höffner, für die Kirche keine Politik, sondern Seelsorge.[9] Hier wird erkennbar, wie eng für Höffner die soziale Botschaft mit dem Verkündigungsauftrag der Kirche verbunden ist. Die christliche Soziallehre ist für ihn weit mehr als ein „Bündel praktischer Weisungen zur Lösung der ´Sozialen Frage´" oder „eine geschickte Auswahl gewisser für die christlich-soziale Schulung brauchbarer Erkenntnisse der modernen Soziologie."[10] Sie ist für Höffner, in Anlehnung an die Enzyklika Mater et magistra von Johannes XXIII., ein „integrierender Bestandteil der christlichen Lehre vom Menschen."[11] Wenn auch die Christen in vielen Sachfragen in Bezug auf das Ordnungsgefüge von Gesellschaft oder Wirtschaft „unbeschadet ihres Gewissens verschiedener Meinung sein können"[12], so muss die Freiheit und die Würde des Menschen doch immer gewahrt bleiben, muss auch der personale Faktor als letzter Maßstab des gesellschaftlichen Handelns immer gelten.

Höffners Soziallehre ist ohne diesen anthropologischen Ansatz, der von einer tiefen Christologie geprägt und durchdrungen ist, nicht zu verstehen. Direkt in der Einleitung zu seiner „Christlichen Gesellschaftslehre" schreibt er dazu: „Der Mensch ist Ebenbild Gottes, durch Christi Blut erlöst und zur ewigen

9 Vgl. ebd. 6f.

10 Höffner, Christliche Gesellschaftslehre, a.a.O., 20.

11 Ebd.; siehe auch: Enzyklika Mater et Magistra (1961), Nr. 222.

12 Joseph Höffner, Kirche und Wirtschaft, in: Wilhelm Dreier (Hg.), Joseph Höffner. Weltverantwortung aus dem Glauben (Reden und Aufsätze, Bd. 2), Münster u.a. 1969, 471-480, hier: 477.

Gemeinschaft mit Gott berufen. Er darf nicht zum Gegenstand und Mittel staatlicher, gesellschaftlicher oder wirtschaftlicher Prozesse erniedrigt werden."[13] Einziges Ziel des Menschen ist die ewige Gemeinschaft mit Gott und alles andere hat sich diesem Ziel nachzuordnen. Daher speist sich im Letzten auch alles Bemühen um irdische Gerechtigkeit aus dem festen Bewusstsein, dass kein Mensch glücklich wird allein durch soziale Gerechtigkeit. Vielmehr wird ein Mensch nur glücklich, wenn er absolut und bedingungslos geliebt wird. Absolut und bedingungslos lieben vermag aber nur der, der absolut und ohne Bedingung existiert und lebt, ohne Anfang und ohne Ende: Gott. Wenn der Mensch Gott und seiner Liebe glaubt, dann kann der Mensch ohne Angst vor der Zukunft an der Gestaltung einer sozial gerechten Gesellschaft mitwirken. Mit den noch heute höchst aktuellen Worten Joseph Höffners schließend, heißt das: „Die christliche Deutung der Personalität ist die Antwort auf die heute, besonders bei jüngeren Menschen, leidenschaftlich gestellte Frage nach dem letzten Lebenssinn. Nicht wenige werden heute vom abgrundtiefen Gefühl der Sinnlosigkeit ihres Lebens geängstigt. Sie sind festgefahren, ´im Garn verstrickt´(Jes 24,18) und stehen vor zerbrochenen Wegweisern. Die Angst ist dem Menschen, auch in der Wohlstandsgesellschaft, nicht fern. Sie wacht mit ihm, sie schläft mit ihm. Eine achtfache Angst lässt sich unterscheiden: die Angst vor der Wirtschaftskrise, vor der Arbeitslosigkeit, vor dem Krieg, vor der Krankheit, vor dem Alter, vor der Vereinsamung, vor dem Tod und vor dem, was nach dem Tod kommt. Die Angst kann nur durch die Nähe eines Liebenden überwunden werden. Der große Liebende ist Gott selber, der uns nicht für das Unheil, sondern für das Heil erschaffen hat."[14]

---

13 Höffner, Christliche Gesellschaftslehre, a.a.O., 20.

14 Höffner, Christliche Gesellschaftslehre, a.a.O., 34.

Joachim Kardinal Meisner

Joachim Kardinal Meisner – Kurzvita

Hans Nitsche

Als ich den Kölner Erzbischof nach einem für ihn besonderen Jahr fragte, antwortete er ohne Umschweife: Das Jahr 1962 (in diesem Jahr wurde er zum Priester geweiht). Und fragt man ihn nach einer für ihn besonderen Woche im Jahr, kann er kaum umhin, als die Woche rund um das Weihnachtsfest zu nennen: Am 25. Dezember 1933 wurde er geboren, am 22. Dezember 1962 zum Priester geweiht; am 23. Dezember 1962 hat er seine Primiz gefeiert, und am 20. Dezember 1988 wurde er zum Erzbischof von Köln ernannt.

Ihm sei es eigentlich nie schwergefallen, am Weihnachtsfest Geburtstag zu feiern, gab der Kardinal in einem Interview zu. Er wurde am Weihnachtstag 1933 in Breslau-Lissa als zweitältester Sohn einer Kaufmannsfamilie geboren. Der Kardinal hat noch drei Brüder; der Vater war im Krieg gefallen.

Mit 11 Jahren wurden er und seine Familie aus der schlesischen Heimat vertrieben. Nach einer langen, aufregenden Flucht landeten die Meisners 1945 in Körner, einem kleinen Dorf bei Mühlhausen in Thüringen mit der schönen Postleitzahl 99999. Sie mussten sich hier mit einer neuartigen Diaspora-Situation abfinden („wir waren hier vielleicht 60 Katholiken unter 3000 nichtkatholischen Christen“), arrangierten sich aber schnell.

Joachim Meisner besuchte die dortige Schule und absolvierte anschließend eine Banklehre. Hiernach besuchte er das Norbertus Werk (ein Spätberufenenseminar) und machte das Abitur nach. Nach bestandener Reifeprüfung ging er nach Erfurt, studierte zunächst Philosophie, dann Theologie, und wurde 1962 von Weihbischof Freusberg zum Priester geweiht.

Freusberg war 1953 von Papst Pius XII. zum Titularbischof von Hadrianopolis in Epiro und zum Weihbischof im Bistum Fulda mit Sitz in Erfurt ernannt worden. 1962 folgte ihm Hugo Aufderbeck

Bild oben:
Nach der Primizfeier in Körner

Bild links: Joachim Meisner als junger Priester in der Nähe von Heiligenstadt, wo er seine erste Kaplansstelle hatte

(Fotos: Privatarchiv Familie Meisner)

als Weihbischof im Bistum Fulda nach, jener Bischof, den Kardinal Meisner „mein väterlicher Freund" nannte und der ihn 1975 zum Bischof weihte.

An die Zeit kurz vor der Priesterweihe und an das Jahr 1962 erinnert sich der Kölner Erzbischof genau: „Da habe ich so am Vorabend der Priesterweihe am Fenster des Priesterseminars in Erfurt gestanden, und hab' so durch das Fenster geguckt und gedacht: Wo wird dich der Bischof hinschicken, wo wird dich Gott in deinem Priesterleben hinschicken?" Der Kandidat formulierte auch sogleich eine Antwort: „Ich gehe hin, wo er mich hinschickt!" Und er ergänzte: „Damit Gott das auch wirklich ernst nimmt und ich vielleicht morgen, wenn ich ‚ad sum' sage, etwas aufgeregt bin, stell' ich dir, Gott, heute Abend einen Blanko-Scheck aus. Ich bin ja auch Bankfachmann, ich weiß, wie man das macht. Ich schrieb das Datum, Erfurt den 21. Dezember 1962, und meine Unterschrift; und oben beim Betrag, da hab' ich nur einen Strich gezogen. ‚Den setzt Du ein; Eichsfeld, thüringische Diaspora oder Rhön'." Später fasste Kardinal Meisner einmal zusammen: „Wenn ich gewusst hätte, dass das Bischofsamt eingesetzt wird, und dann noch Berlin und Köln: Ich wüsste nicht, ob ich den Mut dazu gehabt hätte."

Die erste Stelle des Neupriesters war Heiligenstadt im Eichsfeld. Nach vier Jahren als Kaplan wurde er 1966 (bis 1975) zum Rektor im Caritasverband, Referat „Kirchliche Dienste" ernannt, und bereitete sich – auf Wunsch seines zuständigen Bischofs Aufderbeck – dabei auf das theologische Doktorat vor. 1969 wurde er schließlich mit einer Arbeit über „Nachreformatorische Frömmigkeitsformen in Erfurt" an der Päpstlichen Universität Gregoriana in Rom zum Dr. theol. promoviert.

Am 25. März 1975 ernannte ihn Papst Paul VI. zum Titularbischof von Vina und Weihbischof für Erfurt-Meiningen. Die Bischofsweihe nahm am 17. Mai 1975 der Apostolische Administrator von Erfurt, Hugo Aufderbeck, im Erfurter Dom vor. Nach fünf Jahren, am 22. April 1980, ernannte ihn schließlich Papst Johannes

Paul II., den Weihbischof Meisner seit einigen Jahren persönlich kannte, zum Bischof von Berlin, eines Bistums, das damals mit seinen Ost- und Westteilen als eines der kirchenpolitisch schwierigsten europäischen Bistümer galt. Zwei Jahre später wurde der Bischof zum Vorsitzenden der Berliner Bischofskonferenz gewählt, und am 2. Februar 1983 wurde er von Papst Johannes Paul II. als Kardinalpriester mit der Titelkirche Santa Pudenziana in das Kardinalskollegium aufgenommen.

Dem Kardinal lag seit jeher die Weltkirche am Herzen. Besonders die Länder Osteuropas fanden seine Aufmerksamkeit. In seinen neun Berliner Jahren unternahm er 65 Auslandsreisen, vor allem in Länder wie Polen, Jugoslawien, Tschechoslowakei und Ungarn.

Am 20. Dezember 1988 wurde Kardinal Meisner – für viele völlig überraschend – von Papst Johannes Paul II. zum Erzbischof von Köln ernannt. Überraschend vor allem, weil noch niemand an eine politische „Wende" in der DDR, den Fall der Berliner Mauer, geschweige denn an eine deutsche Wiedervereinigung zu denken wagte. Nur der Papst schien eine Art „Vision" zu haben und ließ sich von seinem Wunschkandidaten nicht abbringen. Dementsprechend gab sich – nachdem er vom Kölner Domkapitel gewählt worden war – der neue Erzbischof vorbehaltlos, wie er zu seinem Amtsantritt am 12. Februar 1989 formulierte, „den Kölnern in die Hände". Seitdem wird Kardinal Meisner nicht müde, auf die Glaubenskrise als menschlich-gesellschaftliches Grundproblem hinzuweisen und die frei machende Botschaft von der Liebe Christi zu verkünden.

Quelle: Hans Nitsche, Joachim Sikora (Hg.), Joachim Kardinal Meisner – unterwegs, 2. neubearbeitete Auflage, Bad Honnef 2007.

Wer ist Joachim Kardinal Meisner?*

Dominik Schwaderlapp

„Herr Kaplan, was halten Sie davon, wenn Sie promovieren?“ Mit dieser Frage konfrontierte mich der Erzbischof plötzlich und unerwartet, in der Tür zu meinem Büro im Erzbischöflichen Hause stehend. Es war im Dezember 2000, und ich war zu dieser Zeit etwa vier Jahre lang sein Sekretär. Das Angebot irritierte und reizte mich zugleich. Es reizte mich, da ich in der Tat schon längere Zeit Interesse hatte, mich theologisch weiterzubilden und mich gründlicher und damit tiefgehender einer Fragestellung zu widmen. Es irritierte mich aber, da ich diesen Gedanken innerlich längst aufgegeben hatte. Ich war ja Sekretär des Kölner Erzbischofs und damit vollauf beschäftigt. Kardinal Meisner stellte mir also diese Frage und verschwand, ohne auf die Antwort zu warten. Dann kehrte er noch einmal um und ergänzte: „Aber um das klar zu stellen: Freigestellt werden Sie dafür nicht! Denken Sie mal darüber nach.“ Ehrlich gesagt war ich nun innerlich wirklich gereizt. Wie sollte das denn gehen, neben dem Dienst als Sekretär zu promovieren? Beides in Einklang zu bringen, den Dienst als Erzbischöflicher Kaplan und Geheimsekretär auf der einen Seite und das Promotionsstudium auf der anderen Seite, war in meinen Augen zunächst unmöglich.
Kurzum: Es ist anders gekommen. Wir sprachen noch häufiger über die Angelegenheit, und im Januar 2001 konnte ich schließlich mit den Arbeiten an meiner Dissertation über die Ehelehre Papst Johannes Paul II. beginnen. Dafür verschwand ich jeden Montag aus dem Büro und setzte meinen freien Tag für diese Tätigkeit ein. Zusätzlich stellte mich der Erzbischof frei, wenn er Reisen unternehmen musste, bei denen meine Begleitung nicht unbedingt erforderlich war. „Förderung durch Forderung“, so könnte man dieses Programm unseres Erzbischofs nennen. Er ließ es nicht nur mir zuteil werden, sondern während seiner bis-

her 20-jährigen Dienstzeit als Erzbischof von Köln einer ganzen Reihe junger Priester. (...)
Ich möchte es von meiner Seite aus unternehmen, die Person, der diese Schrift gewidmet ist, ein wenig vorzustellen und ihr Bild zu zeichnen. Es kann selbstverständlich nur eine Skizze sein. Es steht mir auch nicht zu, Kardinal Meisner als Mensch und Bischof zu würdigen. Es handelt sich eher um Beobachtungen aus der Nähe. Sie stammen insbesondere aus der Zeit, in der ich als „Erzbischöflicher Kaplan und Geheimsekretär" sieben Jahre lang Gelegenheit hatte, das Leben unseres Erzbischofs aus der Nähe zu verfolgen, mehr noch, in einer sehr persönlichen Nähe daran teilzunehmen. Solche Beobachtungen sind notwendigerweise unvollständig und subjektiv. Dennoch glaube ich, sie haben ihre Gültigkeit und helfen, die Persönlichkeit von Joachim Kardinal Meisner zu verstehen.

1. Priester und Seelsorger

Zu meinen eindrücklichsten Erfahrungen am Beginn meiner Sekretärszeit gehört folgende Begebenheit: Sofern keine anderen Verpflichtungen dem entgegenstehen, feiert der Erzbischof jeden Morgen um 7.15 Uhr in der Kapelle seines Hauses die heilige Messe. Der Sekretär konzelebriert. Anwesend sind die beiden Schwestern, die ihm den Haushalt führen, sowie sein Chauffeur, der hier als Messdiener fungiert. Am besagten Morgen komme ich gegen 6.45 Uhr in die Kapelle. Die Schwestern und der Erzbischof sind bereits da. Offensichtlich hat Kardinal Meisner das Brevier schon abgeschlossen und widmet sich dem betrachtenden Gebet. Nach der Messe geht er eiligen Schrittes nicht wie üblich ins Esszimmer zum gemeinsamen Frühstück, sondern zunächst in sein Büro. Fünf Minuten später kommt er wieder heraus und übergibt mir einige Notizen, die er rasch angefertigt hat und die einige Aufträge beinhalten. In der öffentlichen Debatte war damals die Frage sehr virulent, ob der Hirntod der Tod des Menschen ist. Kardinal Meisner äußerte sich damals sehr

dezidiert. Welchen genauen Inhaltes die Aufträge waren, die er damals gab, weiß ich nicht mehr. Sie hingen aber mit diesen Fragestellungen zusammen.

Die Begebenheit ist ein typisches Beispiel für eine Erkenntnis, die ich in den sieben gemeinsamen Jahren im Erzbischöflichen Haus gewonnen habe: Kardinal Meisner ist durch und durch und zuallererst Priester. Das Breviergebet und die Betrachtung, vor allem aber die tägliche Zelebration, das sind für ihn nicht äußere religiöse Pflichten, leere Riten, die es zu vollziehen gilt. Es sind für ihn die Quellen des Lebens. Und diese Quellen des Lebens wirken direkt und unmittelbar in seinen bischöflichen Dienst hinein. Ein Wort von Mutter Teresa zitiert er immer wieder gern: „Ich bete am Morgen meine Arbeit, dann brauche ich am Tag mein Gebet nur noch zu arbeiten." Glauben und Leben stehen nicht einander gegenüber, sondern durchdringen sich gegenseitig.

Dazu gehört für ihn auch ganz selbstverständlich die Verehrung der Gottesmutter Maria. Es ist kein Geheimnis, dass er täglich alle drei Rosenkränze betet, und seit es den lichtreichen Rosenkranz gibt, sogar vier. Eine Kopie des Gnadenbildes „Maria von Pötsch" aus dem Wiener Stephansdom hängt in der Kapelle des Erzbischöflichen Hauses. Dieses Bild ist mittlerweile umgeben von mehreren Votivgaben, die erhörte Gebetsbitten zum

Ausdruck bringen. Zu dieser selbstverständlichen Frömmigkeit gehört auch, dass es im Erzbischöflichen Haus üblich ist, sich nach dem Mittagessen in die Kapelle zu begeben, um ein Gesätz des Rosenkranzes für die lebenden und verstorbenen Wohltäter zu beten. Oft schließt Kardinal Meisner dann auch besondere Anliegen des Tages oder bestimmte Personen, mit denen er gesprochen hat, in dieses Gebet ein.

Eine kleine Anekdote sei an dieser Stelle berichtet. Im Jahr 2000 fuhren wir nach Brasilien. Auf dem Programm stand unter anderem ein Besuch in Aparecida, von wo aus wir mit dem Auto nach São Paulo fuhren. Dort waren wir bei den Bonlandener Franziskanerinnen untergebracht. Um zu ihnen zu gelangen, mussten wir quer durch die Megastadt mit fast 20 Millionen Einwohnern fahren. Bedingt durch das Verkehrschaos, dauerte die Fahrt vier oder fünf Stunden. Irgendwann drehte Kardinal Meisner sich im Auto zu mir um und sagte: „Herr Kaplan, ich glaube, ich habe schon zwanzig Rosenkränze gebetet." Meine spontane Reaktion darauf: „O Gott, Herr Kardinal, hören Sie doch auf damit, die Mutter Gottes schwitzt ja schon." Die Bedeutung, die Kardinal Meisner dem persönlichen Gebet im oft turbulenten Alltag gibt, ist für mich zum bleibenden Ansporn geworden.

Zum priesterlichen Leben gehört ja nicht nur das Gebetsleben, sondern auch das priesterliche Herz des Seelsorgers, der sich um die Menschen kümmert. Ein Beispiel: Mein Vorgänger, der damalige Generalvikar Norbert Feldhoff, berichtete dem Erzbischof von einem Priester, der sich dringend einer ärztlichen Untersuchung unterziehen müsse, sich aber weigere. Obwohl er, Feldhoff, ihn gut kenne, wisse er sich keinen Rat mehr. Daraufhin bat der Erzbischof jenen Priester zum Gespräch unter vier Augen. Zu diesem Termin bestellte er zugleich seinen Hausarzt, der sich mit dem entsprechenden „Werkzeug" in einem benachbarten Raum aufhalten sollte. Das wurde auch so eingefädelt, und Kardinal Meisner sprach nun eindringlich mit dem Mitbruder und ermahnte ihn, sich einer ärztlichen Untersuchung zu unterziehen. Der betreffende Priester stimmte zähneknirschend zu. Daraufhin führte ihn der Erzbischof zu seinem Hausarzt, der im Nachbarzimmer wartete. So wurde die Untersuchung an Ort und Stelle begonnen und an anderen besser dafür geeigneten Orten fortgeführt. Der betreffende Priester wäre wohl nicht zum Arzt gegangen, wenn ihn nicht der Erzbischof in dieser Weise „überlistet" hätte. Dieses Mitempfinden des Seelsorgers zeigt sich im Dienst von Kardinal Meisner immer wieder. Da gibt es Familien mit vielen Kindern, die er besucht, weil er aus eigener Anschauung erfahren möchte, wie es da zugeht. Da stirbt die Mutter einer seiner Mitarbeiter, und er kondoliert persönlich und in einer sehr ergreifenden Weise. Da gibt es einen Priester, bei dem es ans Sterben geht – jemand, der dem Kardinal sehr viele Sorgen bereitet hat. Mehr als einmal besucht er ihn und sorgt dafür, dass dieser im Frieden mit der Kirche sterben kann.

Kardinal Meisner als Seelsorger – das ist eine Dimension seiner Persönlichkeit, die sich in der Regel im Verborgenen abspielt. Nichts desto weniger ist es wohl die wesentliche Dimension seiner Persönlichkeit.

2. Bischof und Lehrer

„Der Hirtenstab ist kein Spazierstock", hat Kardinal Meisner schon des Öfteren in der für ihn typischen bildreichen Sprache gesagt. Im Vordergrund seines bischöflichen Dienstes steht nicht die Administration. Wenn es um die Verwaltung der Diözese geht, bringt er seinem jeweiligen Generalvikar großes Vertrauen entgegen und gewährt ihm große Handlungsfreiheit. Hier geht es ihm zwar um die Grundsatzfragen, aber das operative Tagesgeschäft überlässt er seinen Mitarbeitern. Bischöflicher Dienst ist für Joachim Kardinal Meisner an erster Stelle Verkündigungsdienst. Und hier geht es ihm um Klarheit und Wahrheit. Unermüdlich nimmt er Gelegenheiten wahr, diese Wahrheit – sei es gelegen oder ungelegen – zu verkünden. Wenn wir nach einem roten Faden seiner Verkündigung fragen, so lässt er sich vielleicht in dem Satz finden: „Humanität ohne Divinität ergibt Bestialität." Eine Welt ohne Gott wird unmenschlich. Diese Unmenschlichkeit zeigt sich besonders unverhüllt in den Ideologien und Diktaturen des 20. Jahrhunderts, aber auch in der Gegenwart. Die Menschenwürde, die in der Gottesebenbildlichkeit wurzelt, ist ihm Dreh- und Angelpunkt. Daher ist der Lebensschutz zentrales Thema seiner Verkündigung. Regelmäßig äußert sich Kardinal Meisner zu den Problemfeldern Abtreibung, Forschung an embryonalen Stammzellen und Sterbehilfe. Aber auch andere große Herausforderungen unserer Gesellschaft sind immer wieder The-

men seiner öffentlichen Äußerungen. Der Schutz von Ehe und Familie ist hier an erster Stelle zu nennen. Auch innerkirchlich legt er den Finger in offene Wunden. Immer wieder spricht er von der Selbstsäkularisierung der Kirche, die in der Gefahr sei, sich unkritisch dem gesellschaftlichen Umfeld unserer Tage anzupassen. Offen fragt er dann etwa, wie qualifiziert die hauptamtlichen Mitarbeiter in der Verkündigung sind. Sind unsere Katecheten in der Vorbereitung der Sakramentenspendung selbst gläubig und verfügen sie über das nötige Glaubenswissen?

Dass er sich mit diesen Themen nicht nur Freunde macht, weiß er. Aber er ist kein Mensch, der die Auseinandersetzung um ihrer selbst willen sucht oder gar sich an ihr erfreut. Er nimmt sie als Teil der Nachfolge Christi. Kardinal Meisner ist kein Streithahn. Aber wenn es sich um der Wahrheit und Klarheit willen nicht abwenden lässt, nimmt er die Auseinandersetzung an. Da gibt es für ihn kein Zögern und kein Zaudern.

Über die bischöflichen Visitationen hinaus sucht Kardinal Meisner immer wieder Gelegenheit, Gemeinden bei einem Pfarr- oder Kirchweihjubiläum oder aus anderen Anlässen zu besuchen. Er sucht die Nähe der Menschen, weil er weiß, dass er als Bischof zu ihnen gesandt ist. Seine mitreißendsten Predigten hält er aus meiner Sicht, wenn er das Sakrament der Firmung spendet. Seine Worte sind einfach und verständlich, eindringlich und mit Herz und Temperament gesprochen.
Typisch, ja sogar geradezu stereotyp, wiederholt sich bei den Begegnungen des Erzbischofs mit den Gläubigen des Erzbistums folgende Reaktion: Nach einem Pontifikalamt oder einem Treffen kommen Menschen, die sagen: „Herr Kardinal, Sie sind ja ganz anders, als wir Sie uns vorgestellt haben."

Hier wird ein Phänomen deutlich, das durchaus unter die belastenden Momente seines bischöflichen Dienstes in Köln zu rechnen ist. Der Beginn seines bischöflichen Wirkens in Köln war überschattet von den – medial um ein Vielfaches vergrößerten – Turbulenzen um seine Ernennung. Seit dieser Zeit kämpft er gegen negativ gefärbte Vorurteile. Wenn ich gefragt werde, ob dieses in den Medien gezeichnete Bild des Kardinals der Realität entspricht, verweise ich immer auf jene persönlichen Begegnungen mit den Gläubigen bei den Besuchen in den Pfarreien des Erzbistums und lade dazu ein, sich ein eigenes Bild zu machen.

3. Der Kardinal und Rom

Der Kardinal hat einen antirömischen Affekt. Das mag zwar überraschen, stimmt aber – was die Stadt Rom angeht. Joachim Kardinal Meisner liebt Rom nicht. Zwar gibt es die Gräber der Apostelfürsten, den Vatikan und den Papst, aber der Lärm, der Autoverkehr, die Hitze im Sommer – all das liegt ihm nicht. Da ich hingegen ein Mensch bin, der Rom auch als Stadt geradezu liebt, führte dies immer wieder zu leidenschaftlichen Debatten. Der antirömische Affekt des Erzbischofs beschränkt sich allerdings auf Rom als Stadt. In kirchlichen Angelegenheiten ist er immer an der Seite Roms zu finden. Das bedeutet nicht, dass er, wenn es mit einigen Dikasterien der römischen Kurie sachliche Differenzen gibt, diese offen, mündlich oder schriftlich, thematisiert. Und wenn er zu einem persönlichen Gespräch beim Heiligen Vater ist, dann wird – das ist, ohne es zu wissen, zumindest meine Überzeugung – nicht nur höfliche Konversation gepflegt, sondern ebenso offen geredet. Doch geschieht dies auf Basis einer unzerstörbaren Liebe zur Kirche, die in Rom ihren sichtbaren Mittelpunkt und im Nachfolger des hl. Petrus ihren von Gott geschenkten sichtbaren Fels hat. Schon als Bischof von Berlin erlebte er die Verbundenheit mit Rom geradezu als Lebenselixier. Mehrfach betonte ihm gegenüber der damalige Kirchenstaatssekretär der DDR, dass sie mit den wenigen Katholiken in der DDR

schon fertig würden, wenn da nicht der Papst in Rom und damit die katholische Weltkirche im Hintergrund stünde.
So ist Kardinal Meisner ein Mensch, der sich nicht nur hinter den Papst stellt, sondern, wenn gefordert, auch vor ihn und seine Mitarbeiter, selbst wenn dies zum Eklat führt. Ich erinnere mich an folgende Begebenheit: Es war bei einer Festveranstaltung eines Bischöflichen Hilfswerkes. Einer der Festredner übte im Rahmen seiner Ansprache harsche Kritik am damaligen Präfekten der Glaubenskongregation, Joseph Kardinal Ratzinger. Nach dem Ende dieser Rede ging Kardinal Meisner zu ihm und machte ihm unmissverständlich und auch für die Umstehenden hörbar deutlich, dass er es nicht akzeptieren könne, wenn er diese Festveranstaltung dazu missbrauche, den Präfekten der Glaubenskongregation zu attackieren. Dem Redner blieb nichts anderes übrig als zu antworten: „Ich nehme dies zur Kenntnis!"
Niemand hat Freude an einem Eklat, auch nicht Kardinal Meisner. Doch wenn es um die Liebe zur Kirche geht, treten politische Erwägungen in den Hintergrund.
Ein Titel des Erzbischofs von Köln lautet: „Des Heiligen Apostolischen Stuhles geborener Legat". Das ist kein überkommener formaler Titel. Kardinal Meisner erfüllt ihn mit Leben.

4. Köln, die Weltkirche und der Osten

In den Heiligen Drei Königen, die aus dem Osten kamen, um das Jesuskind in der Krippe zu Betlehem anzubeten, dürfen wir schon ein Vorausbild der späteren Weltkirche aus allen Völkern der Erde entdecken. Denn „Heiden" knieten vor dem Gotteskind nieder und beteten es an. Die Pilgerreise der Heiligen Drei Könige setzte sich nach deren Tod gewissermaßen fort, und so gelangten sie in unseren Hohen Dom in Köln. Vielleicht sind sie es, die dafür sorgten, dass es schon immer, besonders aber seit der Amtszeit von Kardinal Frings, im Erzbistum Köln gute Beziehungen zu verschiedenen Teilen der Weltkirche gibt, insbesondere zu denen der so genannten Dritten Welt. Wir unterstützen pro Jahr etwa tausend Projekte in aller Welt und setzen dafür rund 15 Millionen Euro ein. Doch hier geht es nicht nur um die Überweisung eines bestimmten Geldbetrages. Freundschaften, Partnerschaften und geistlicher Austausch sind gewachsen. So gehört es zum selbstverständlichen Dienst eines Erzbischofs von Köln, immer wieder auch Reisen in die Weltkirche zu unternehmen, um solche Bande der Freundschaft zu knüpfen und zu vertiefen. Oft genug bieten dazu Einweihungen von Kirchen und anderen pastoralen Einrichtungen Anlass. Ich selbst konnte den Erzbischof in meiner Zeit als Sekretär vielfach begleiten und dabei die Kirche in Indien ebenso kennen lernen wie die in Brasilien und Kolumbien. Mit der Diözese Tokio verbindet das Erzbistum eine über 50-jährige Partnerschaft. Verschiedene Länder Afrikas besuchte Kardinal Meisner ebenso wie Nordamerika oder das Heilige Land.

Wenn auch der Erzbischof sich so in den weltkirchlichen Dienst seiner Vorgänger einfügt, so verleiht er dieser Dimension seines Hirtendienstes doch eine besondere Prägung. Kardinal Meisner ist in besonderer Weise der Anwalt des Ostens, genauer gesagt für Mittel- und Osteuropa. Beginnend mit seiner Zeit als Weihbischof in Erfurt und Bischof von Berlin sind hier zahlreiche Freundschaften gewachsen. Und für unzählige Bischöfe und andere kirchliche Vertreter ist er ein Ratgeber und Vorbild, dem sie Vertrauen schenken. Er kennt das Leben in Ost und West, er weiß um kirchliches Leben und wie es sich hinter dem „Eisernen Vorhang“ nach dem Zweiten Weltkrieg entwickelte. In den vielen Verunsicherungen, denen sich die Kirchen Mittel- und Osteuropas nach dem Untergang des Kommunismus ausgesetzt sahen, ist Kardinal Meisner für sie eine Bischofsgestalt, die Orientierung gibt. Darüber hinaus spüren sie, dass Kardinal Meisner nicht nur Verständnis für ihre Situation aufbringt und die eine oder andere materielle Unterstützung gewähren kann. Sie wissen, dass er ein Herz für sie hat, weil er die gleichen Nöte selbst erlebte.

Unvergesslich bleibt mir in diesem Zusammenhang eine Reise nach Nepomuk in Tschechien im Jahr 1999. Die Reise dauerte nur einen Tag. Ziel war die Begegnung mit Priestern und Diakonen, die Kardinal Meisner als Weihbischof in Erfurt und Bischof von Berlin im Verborgenen geweiht hatte. In der überfüllten Kirche von Nepomuk feierten wir die heilige Messe in Anwesenheit des damaligen tschechischen Ministerpräsidenten Vaclav Klaus. Unter den Konzelebranten waren der Nuntius, einige Bischöfe und viele Priester. Fast alle jener 60 im Verborgenen geweihten Priester und Diakone waren bei der heiligen Messe anwesend. In bewegenden Worten wurde dem Kardinal gedankt, dass er unter abenteuerlichen Bedingungen und zum Teil nicht unerheblichen Gefahren die Mitbrüder geweiht habe. Einer der anwesenden Priester sagte: „Die Begegnung mit Ihnen hat uns Tapferkeit gegeben, das Evangelium zu verkünden, nach dem sich die Welt heutzutage so sehnt. Ihr Verständnis für den Geist der Zeit und ihre Unerschrockenheit waren für uns Vorbild für unser bescheidenes Wirken."

Der Kardinal erinnerte seinerseits dankbar an Kardinal Tomasek. Dessen Standhaftigkeit habe er immer bewundert. Auch habe ihn die Tapferkeit der Weihekandidaten ermutigt, selbst in seinem bischöflichen Dienst nicht müde zu werden. Trotz aller Gefahren hätten sie sich zur Weihe bereit erklärt und dabei in Kauf genommen, dass sie ihren priesterlichen Dienst nie in der Öffentlichkeit, sondern nur im Verborgenen hätten leisten können. Der Kardinal forderte aber auch, nicht bei bloßer Nostalgie stehen zu bleiben. Ein entschiedenes Zeugnis sei heute ebenso gefragt wie damals.

Der Kardinal als Brücke zwischen Ost und West – das ist eine besondere Dimension seines bischöflichen Dienstes, die hierzulande nur am Rande wahrgenommen wird. Sie gehört aber sicherlich zu seinen größten politischen und kirchengeschichtlichen Leistungen.

5. Licht und Schatten von historischer Bedeutung

Einige historische Ereignisse, die das Erzbistum Köln und darüber hinaus die Kirche in Deutschland betreffen, fallen in die nunmehr 20 Jahre währende Amtszeit von Kardinal Meisner als Erzbischof von Köln. Es sind Ereignisse, an denen er maßgeblich beteiligt ist. Zwei möchte ich herausgreifen und ein wenig beleuchten.

Da ist der jahrelang währende Streit um die Schwangerschaftskonfliktberatung. Nach der Einführung der Fristenregelung mit Beratungspflicht 1992 gerät die Schwangerenberatung der katholischen Kirche in eine schwierige Situation. Sie berät die werdenden Mütter dazu, ihr Kind zu behalten und nicht der Tötung preiszugeben. Aber mit dem Beleg, der über diese Beratung ausgestellt wird, kann eine straffreie Abtreibung durchgeführt werden. Lässt sich die Kirche hier nicht in ein Tötungssystem hineinziehen? Wirkt sie nicht in erheblichem Maße, wenn auch ungewollt, an der Tötung ungeborener Kinder mit? Demgegenüber: Vermag die Kirche die Schwangeren in Not noch zu erreichen, wenn sie aus dem staatlichen System „aussteigt" und sich weigert, den „Schein" auszustellen? Jahrelang wird nun innerkirchlich um den rechten Weg gerungen. Die Bischofskonferenz ist uneins und bittet den Heiligen Vater um Hilfe. Es ist hier nicht der Ort, die Details dieser Geschichte wiederzugeben. Sie ist andernorts bereits dokumentiert. Im Jahr 1999 spitzt sich diese Auseinandersetzung zu. Mehr als einmal wenden sich der Heilige Vater und seine engsten Mitarbeiter an die Deutsche Bischofskonferenz. Im Juni findet man dann einen Kompromiss, der – so scheint es auf den ersten Blick – jeder Position Rechnung trägt. Die Kirche steigt nicht aus dem System aus, dokumentiert aber auf dem Beratungsnachweis, dass dieser nicht für eine Abtreibung verwendet werden dürfe. Dieser Hinweis auf dem Dokument ist allerdings – das wissen auch die Bischöfe – bedeutungslos, da den Staat lediglich die Tatsache interessiert, dass die Schwangere beraten worden ist. Und das wird weiterhin dokumentiert. So wird also nach wie vor mit dem kirchlichen Beratungsschein eine straffreie Abtreibung ermöglicht.

In den folgenden Wochen erlebe ich Kardinal Meisner in zunehmendem Maß beunruhigt und ratlos. Ist hier noch das klare Zeugnis für das unbedingte Lebensrecht des ungeborenen Kindes gewahrt? Im Juli sendet er daraufhin ein Fax an Papst Johannes Paul II. Er schildert ihm die Lage und bittet ihn um Antwort auf die Frage, ob dies wirklich so in seinem Sinne sei. Daraufhin wird die ganze Angelegenheit erneut aufgerollt. Die deutschen Kardinäle werden nach Rom eingeladen, um mit dem Papst in Castel Gandolfo die Lage zu besprechen. Das Ergebnis: Um der Klarheit des Zeugnisses willen darf die Kirche sich nicht weiterhin in dieses System einbinden lassen: Beratung ja, aber ohne Ausstellung eines wie immer gearteten Nachweises, der zur straffreien Abtreibung berechtigt. In der medialen Öffentlichkeit muss Kardinal Meisner für sein Handeln heftige bis hysterische Kritik einstecken. Um der Wahrheit willen ist er bereit, dies anzunehmen. Schlimmer wäre es für ihn gewesen, ein in sich so widersprüchliches System mittragen zu müssen. In meinen Augen ist es eines seiner bleibenden Verdienste, dass er wesentlich zur Klärung dieser Frage beigetragen hat. Im Nachhinein stellt sich nur die Frage, ob es wirklich nötig war, dass durch die Auseinandersetzung um die Schwangerschaftskonfliktberatung die Kirche in Deutschland jahrelang innerlich geradezu blockiert war. Wer die Briefe aus Rom, ob vom Heiligen Vater, dem damaligen Präfekten der Glaubenskongregation oder auch dem Kardinalstaatssekretär, gelesen hatte und verstehen wollte, der wusste, was der Papst wollte. Die jahrelangen Versuche, diesen Willen zu „interpretieren“ und zu umgehen, haben niemandem gedient – auch nicht den ungeborenen Kindern und ihren Müttern in Not.

Von historischer Bedeutung ganz anderer Qualität war für die katholische Kirche nicht nur in Deutschland das Jahr 2005, das manche auch das „katholische Jahr“ nennen. Das Sterben Johannes Paul II. löste geradezu eine Jugendbewegung nach Rom aus. Millionen vor allem junger Menschen kamen, um sich von Johannes Paul II. zu verabschieden. Die Wahl Joseph Ratzingers als Papst Benedikt XVI. brachte gerade der Kirche in Deutschland einen neuen Impuls. „Wir sind Papst!“ titelte ein großes deutsches Boulevardblatt und gab damit ein wenig die Stimmung in Deutschland wieder. Die Rolle, die Kardinal Meisner im Konklave einnahm, unterliegt wie das gesamte Konklave der Vertraulichkeit. Aufgrund seiner freundschaftlichen Beziehungen zu Kardinal Ratzinger ist es sicherlich keine verbotene Spekulation anzunehmen, dass auch hier Kardinal Meisner seinen Beitrag geleistet hat. Als er am Ende jenes Jahres in der Fernsehshow „Menschen 2005“ von Johannes B. Kerner gefragt wurde, wen er denn im Konklave gewählt hat, antwortete er: „Das darf ich nicht sagen, das will ich nicht sagen, aber das muss ich auch nicht sagen, denn ohnehin kann sich das wohl jeder denken.“

Von maßgeblicher Bedeutung ist ohne jeden Zweifel das Mitwirken Kardinal Meisners beim Weltjugendtag 2005 in Köln. Schon 1997 hatte ihn Papst Johannes Paul II. angesprochen, er würde gerne einmal einen Weltjugendtag in Köln feiern. Nach den Katastrophen der beiden Weltkriege sollte, so der Wunsch Johannes Pauls II., zu Beginn des neuen Jahrtausends von Deutschland ein Impuls zur Neuevangelisierung Europas ausgehen. Kardinal Meisner erklärte sich sofort dazu bereit. Aus verschiedenen Gründen kam es erst im Jahr 2005 zur Realisierung dieses Vorhabens. Von Beginn an hat Kardinal Meisner dieses Unternehmen zur Chefsache gemacht und maßgeblich inhaltlich mitbestimmt.

Unter dem Motto der Heiligen Drei Könige „Wir sind gekommen, um IHN anzubeten“ erlebten wir in Köln und Umgebung unvergessliche Tage der Freude, der gläubigen Gemeinschaft, des Gebetes und der Hinwendung zu Gott. Über eine Million junger Menschen ist gekommen – tatsächlich, „um IHN anzubeten“. Es war nicht nur auf den Straßen ein fröhliches Durcheinander, nein, die Kirchen waren auch voller junger Menschen, die beteten und feierten. Sie pilgerten auch zum Schrein der Heiligen Drei Könige, um deren Fürsprache zu erbitten.
Unvergesslich bleibt die Vigil auf dem Marienfeld, deren zentrales Element eine Zeit der stillen Anbetung der heiligen Eucharistie bildete. Gerade um dieses Element des Gottesdienstes wurde hart gerungen. Viele der für die Liturgie Verantwortlichen waren der Überzeugung, dass man mit einer Million junger Menschen keine stille Anbetung halten könne. Kardinal Meisner setzte sich schließlich durch, und es gehört zu den bewegendsten Eindrücken dieser Feier, dass in der Tat fast eine Million junger Menschen in Stille verharrten. Ein Glaubenszeugnis, das weit über die Grenzen der katholischen Kirche hinaus wahrgenommen wurde.
Es ist sicher nicht zu viel gesagt, wenn ich behaupte, dass der Weltjugendtag der bisherige Höhepunkt des bischöflichen Wirkens von Kardinal Meisner darstellt. Alle, die diese Tage erlebt haben, werden sie nie vergessen.

6. Noch einmal: Wer ist Joachim Kardinal Meisner?

Schon die nur in Ansätzen geschilderten, verschiedenen Aspekte des Lebens und Wirkens von Kardinal Meisner zeigen ihn als vielschichtige Persönlichkeit. Er ist ein Mensch mit Herz und Temperament. „Ich habe noch nie die Geduld verloren, weil ich sie noch nie besessen habe“, sagt er. In der Tat, aus eigenem Erleben kann ich dies unterstreichen. So kann es sein, dass eine rote Ampel ihn reizt und ein langer Stau auf der Autobahn zur

Weißglut führt. Sein eher impulsives Temperament verhilft ihm zu der bewunderungswürdigen Fähigkeit, im Ringen um Klarheit und Wahrheit nicht nachzulassen, nicht müde zu werden, das Evangelium zu verkünden, sei es gelegen oder ungelegen. Wer mit Kardinal Meisner zu tun hat, weiß, „wo er dran ist". Taktische Manöver und strategische Planspiele sind ihm fremd. Er sucht den direkten Weg, auch und gerade wenn es um prophetisches Zeugnis geht. Für eine Zeit, deren Geist die Botschaft hat: „Alles ist möglich und erlaubt", ist eine Botschaft des „entweder oder" manchmal provozierend, aber auch heilsam. Getragen werden Leben und Dienst von Kardinal Meisner von seiner tiefen Frömmigkeit und seinem unerschütterlichen Glauben. Dieser verleiht ihm bei allen äußeren Stürmen inneren Frieden, bei allen Widerständen innere Standhaftigkeit und lässt ihn die Freude auch dann nicht verlieren, wenn sein Weg einmal eher die Gestalt des Kreuzweges annimmt.

Sein Lebensmotto findet sich in dem berühmten Wort der Theresia von Avila:

> *„Nichts soll dich ängstigen,*
> *nichts dich erschrecken.*
> *Alles geht vorüber,*
> *Gott allein bleibt derselbe.*
> *Alles erreicht der Geduldige,*
> *und wer Gott hat, der hat alles.*
> *Gott allein genügt!"*

Die hier vorgelegte Festschrift soll ein kleines Zeichen des Dankes für den Dienst von Joachim Kardinal Meisner als Erzbischof von Köln sein. Gott vergelte ihm alle Mühen und Sorgen und begleite ihn weiterhin mit seinem Schutz und Segen!

* Erstveröffentlichung in: Thomas Marscher, Christoph Ohly (Hg.), Spes nostra firma – Festschrift für Joachim Kardinal Meisner zum 75. Geburtstag, Münster 2009, S. 7 – 16, Verlag Aschendorf, Münster; hier leicht gekürzte Fassung.

Zum Goldenen Priesterjubiläum von Erzbischof Joachim Kardinal Meisner

Erzbischof Rainer Maria Kardinal Woelki

50 Jahre nun ist Joachim Kardinal Meisner seinem Ja zu Gottes Ruf treu – als Priester und Seelsorger. Seine Berufung hat ihn in dieser Zeit über Erfurt und Berlin nach Köln geführt. Im Rückblick ist auch dieser Lebensweg geprägt von Höhen und Tiefen, vielen glücklichen Erlebnissen wie mancher Beschwernis und Enttäuschung. Bei Kardinal Joachim Meisner ist er jedoch stets von der gläubigen Hoffnung getragen, die sein Wahlspruch als Bischof zum Ausdruck bringt: „Spes nostra firma – Unsere Hoffnung steht fest" (2 Kor 1,7). Es ist der Blick auf die Zukunft, dem Herrn entgegen.

Der an Erfahrungen reiche und dichte Lebensweg von Kardinal Joachim Meisner ruht auf drei „Säulen", aus denen er fortwährend Kraft zur Bewältigung der großen und kleinen Aufgaben des Alltags schöpft: Stundengebet, Eucharistie und Rosenkranz. Wer ihn dabei wie ich aus der Nähe erlebt hat, wird sehr gut entdecken, wie sehr sein Leben, seine Existenz, zutiefst priesterlich geprägt ist. So ordnet das Stundengebet als das Gebet des Priesters seit 50 Jahren seinen Alltag. Das mag gerade vielen jüngeren Priestern heute mühselig, ja beschwerlich vorkommen. Doch Joachim Meisner zeigt einfach durch sein unablässiges Beten des Breviers (vgl. 1 Thess 5,17), wie er von ihm her immer wieder neue Energie für sein Tageswerk bekommt. Gerne zitiert er hierbei die selige Mutter Teresa: „Ich bete am Morgen meine Arbeit, dann brauche ich am Tag mein Gebet nur noch zu arbeiten." Egal wohin ich ihn begleiten durfte, sein Brevier ist und bleibt ein treuer Wegbegleiter. Aus dem Inneren dieses Gebetes, dem täglichen lebendigen Gespräch mit Gott, schöpft er die Kraft für sein Wirken nach außen.

Das seelsorgerische Wirken von Kardinal Meisner hat sodann seine Mitte in der täglichen Feier der Eucharistie, die er für und mit zahlreichen Menschen – u. a. Kindern und Jugendlichen, Alleinstehenden und Familien, Kranken, Alten und Behinderten, Flüchtlingen und Verfolgten, Arbeitslosen und Unternehmern, Priestern und Bischöfen – in kleinerem oder größerem Rahmen feiert. Gerade in der „gewöhnlichen" Feier der Eucharistie, die er jeden Morgen in seiner Hauskapelle um 7.15 Uhr zu feiern pflegt und bei der ich als sein Sekretär konzelebrierte, lädt er seinen Lebensakku, seinen Glaubensakku. „Aus der Eucharistie, dem Dankopfer an den Herrn" – so betonte er immer wieder – „lebt die Kirche als Gemeinschaft und schöpft Kraft auf ihrem Weg dem Herrn entgegen." Diese tiefe Verbundenheit, ja Freundschaft mit dem eucharistischen Herrn als der „Quelle des Lebens" (Joh 4,14) will Joachim Meisner mit dem Nächsten teilen, als Priester, als Bischof und Kardinal. Sie hat ihm die nötige Ausdauer geschenkt, in den Herausforderungen durch vergangene totalitäre wie gegenwärtige ideologische Systeme seiner Berufung, seinem Glauben und seiner Kirche treu zu bleiben. Humorvoll bemerkte deswegen der selige Johannes Paul II., als Joachim Meisner Bischof von Berlin war: „Deine linke Seite ist sozialistisch, deine rechte kapitalistisch, aber das Herz ist katholisch."

Auch sein beharrliches Eintreten für die Würde eines jeden Menschen, insbesondere da, wo sie bedroht und gefährdet ist, von der natürlichen Empfängnis bis zu seinem natürlichen Tod, gründet bei Kardinal Meisner im Blick auf den eucharistischen Herrn, den Schöpfer allen Lebens, sozusagen mit dem Blick Gottes, im Lichte seiner Liebe und Weisheit. Und wenn es notwendig geworden ist – bisweilen zum Unbehagen vieler, doch der Wahrheit über den Menschen verpflichtet –, hat er dem Schutz und der Würde des Lebens nachhaltig Gehör verschafft.

So ist mein Eindruck von vielen Begegnungen: Kardinal Joachim Meisner trägt ein tiefes gläubiges Wissen in sich, dass nur unsere Hinwendung zu Jesus Christus, unsere Ausrichtung auf ihn, die stille Anbetung vor ihm, den Menschen vor jeglichen Formen der Unfreiheit bewahrt, ihn nicht unterdrückt oder zerstört, vielmehr in ihm die „Quelle des Lebens" sprudeln lässt. Ich erinnere mich dabei an den Weltjugendtag in Köln 2005, der ihm sehr am Herzen lag: Welch hoffnungsvolles und starkes Glaubenszeugnis war die stille eucharistische Anbetung von einer Million junger Menschen! Dafür hat er sich nachdrücklich eingesetzt. Heute ist die Eucharistische Anbetung integrales Element der Weltjugendtage. Und der Eucharistische Kongress in Köln im Jahr 2013 wird die zentrale Kraft der Eucharistie als Quelle für das Leben der Kirche erneut überaus sichtbar machen.

Die Hingabe an Jesus Christus verbindet sich bei Kardinal Joachim Meisner mit seinem Vertrauen auf die Gottesmutter Maria. Diese marianische Frömmigkeit ist ihm wohl in die Wiege gelegt worden, ist sie doch ein herausragendes Merkmal seiner Heimat. Die Bedeutung des Rosenkranzgebetes, der Summe des Evange-

liums, für sein spirituelles Leben hat er mir einmal so veranschaulicht: „Der Rosenkranz ist wie das Seil eines Bergsteigers. Er kann sich daran festhalten, wenn sich beiderseits Abgründe auftun. Der Rosenkranz ist wie eine Leiter mit vielen Stufen, auf denen man aufsteigen muss, wenn Glaube, Hoffnung, Liebe keine leeren Worte bleiben sollen, sondern attraktive Ziele und effektive Kräfte. Der Rosenkranz ist ein Band, welches den Menschen stärker mit Gott verbindet. Etwas aus diesem Ganzen muss der Mensch verspüren, wenn seine Hand den Rosenkranz umfasst."

Sein Freund – der selige Johannes Paul II. – sprach in Zusammenhang mit seinem eigenen fünfzigjährigen Jubiläum als Priester und Seelsorger für Gott und die Menschen von „Geschenk und Geheimnis". Auch das Wirken von Joachim Meisner als Priester und Bischof – in Wort und Tat – ist für viele Menschen ein großes „Geschenk", das im „Geheimnis Gottes" wurzelt.

Ich danke ihm herzlich für all die wertvollen priesterlichen und menschlichen Erfahrungen, die ich an seiner Seite machen durfte, und wünsche ihm auch für die kommenden Jahre im priesterlichen und bischöflichen Dienst Gottes reichen Segen. Ad multos annos!

Dieses Buch konnte nur entstehen dank der Hilfe von

Joseph Ratzinger (Papst Benedikt XVI.), Prof. Dr. Ralph Bergold, Robert Boecker, Sereina Böttiger, Alexander Brehm, Marie-Sophie Dumoulin-Leszczynski, Msgr. Alfred Hausen, Sabine Joachim, Erzbischof Rainer Maria Kardinal Woelki, Bischof Reinhard Lettmann, Weihbischof Manfred Melzer, Mechthild Nitsche, Ferdinand Oertel, Kurt Pagel, Prof. Dr. Peter Schallenberg, Weihbischof Dr. Dominik Schwaderlapp, Josef A. Slominski, u.a.

Anmerkungen: Die Recherche zu den ausgewählten Daten erfolgte schwerpunktmäßig auf den Seiten der „freien Enzyklopädie Wikipedia" sowie weiterer frei zugänglicher Internetseiten.
Schwerpunktsetzungen, Auswahl, Formulierungen: Hans Nitsche

Fotos:
- SLOMI: U1, Kapitel, 10, 15, 17, 18, 21, 23, 25, 43, 44, 46, 50, 58, 60, 67, 74, 75, 80, 87, 91, 102, 106
- Boecker: U 4, 31, 120, 137, 141, 145
- Privatarchive: 37, 39, 85, 116, 125, 129

Quellen (Auswahl):

- Josef Kardinal Frings, Für die Menschen bestellt – Erinnerungen des Alterzbischofs von Köln, Köln 1973
- Dieter Froitzheim (Hg.), Kardinal Frings – Leben und Werk, 2. Auflage, Köln 1980
- Joseph Kardinal Höffner, Christliche Gesellschaftslehre, neu hrsg., bearbeitet und ergänzt von Lothar Roos, Kevelaer 1997
- Nitsche, Hans, Sikora, Joachim (Hg.), Joseph Kardinal Höffner – Honnefer Akzente, Bad Honnef 1997
- Hans Nitsche, Joachim Sikora (Hg.), Joachim Kardinal Meisner – unterwegs, 2. neubearbeitete Auflage, Bad Honnef 2007.
- Thomas Marscher, Christoph Ohly (Hg.), Spes nostra firma – Festschrift für Joachim Kardinal Meisner zum 75. Geburtstag, Münster 2009
- Joseph Ratzinger: Die erste Sitzungsperiode des Zweiten Vatikanischen Konzils – Ein Rückblick, Köln 1963
- Joachim Sikora, Hans Nitsche (Hg.), Josef Kardinal Frings – Honnefer Akzente, 2. Auflage, Bad Honnef 1996
- Norbert Trippen, Josef Kardinal Frings (1887-1978), Band 1: Sein Wirken für das Erzbistum Köln und die Kirche in Deutschland, Paderborn, München, Wien, Zürich 2003; Band 2, Sein Wirken für die Weltkirche und seine letzten Bischofsjahre, Paderborn, München, Wien, Zürich 2005